# 声優グランプリ platinum

声優グランプリプラチナム

CONTENTS

## ずっと忘れない。あの頃の想い

# 椎名へきる

声優として初めて日本武道館公演を成功させるなど、90年代に数多くの伝説を残した椎名へきるさん。あれから二十数年の時を経た現在でもライブや舞台、声の仕事で精力的に活動を続けている。新たな道の開拓者として走り続けた当時の葛藤、そして今も活動を続けるうえでの想いを語ってもらった。

撮影／アライテツヤ　ヘアメイク／北川恵（クララシステム）　スタイリング／山﨑理恵　取材・文／仲上佳克

有名になるほど、声優業ができないというジレンマに悩んだことも

撮影をしていて気を失っちゃうこともあったんです。
今だから話せる話（笑）

Vol.4（1995年発売）

## 初の武道館ライブを達成した「秋葉原のシンデレラ」

**—椎名さんの声優グランプリ表紙初登場は、95年秋に発売されたVol．4でした。この時は7月の初めに富士五湖周辺で一泊二日の撮影をしたそうですが、覚えていらっしゃいますか？**

え？　泊まりだったんですか？　全然覚えていないです（笑）。当時はとにかく撮影が多かったので、ちょっと記憶があいまいで……。

**—それだけお忙しかったんですよね。**

でも、当時この表紙を見た方々に「（中森）明菜ちゃんに似ている」ってよく言われたのを覚えています。これ、20歳くらいの時ですよね？

**—それを聞いて当時の椎名さんはどう思われていたんですか？**

いや、中学の時からずっと言われていたんです。「顔が明菜ちゃんに似ている」って。でも、あくまで当時の話であって、今はまったく影も形もないですけど（笑）。

**—つまり「声優界の中森明菜」だったわけですね。そんな異名で呼ばれてはいなかったと思いますが。**

当時はなんて言われていたんだろう？　武道館ライブをやってからは、いきなりテレビ各局が「秋葉原のシンデレラ」って言い始めて、特集番組を組んだりしていましたね。

**—声優が一般メディアにも注目されるようになった、その先駆け的な存在が椎名さんだったと思います。**

私の前も先輩方がいろいろな活動をされていらっしゃったので、まったくの初めてというわけではなかったと思いますけど、ただ、ライブツアーをしている人は当時まだいなかったですね。このVol．4が出た次の年の96～97年にツアー40本とか入って、そのツアーが終わってから武道館2DAYSでした。よくレコード会社も踏み切ったなと。大宮ソニックシティ4DAYSとか。「なんでやろうと思った？」みたいな（笑）。あとは3カ月連続シングルとか、とにかく進むしかないという感じの流れでした。

**—その流れの中にいた当人としては、どんどんやる気になったのか、それとも葛藤のようなものが生まれていたのか……？**

流れに身を任せるしかない感じではありました。でも、ライブ活動とかレコーディングがほぼ一年のスケジュールを占めていたんですよ。それと撮影ばかりだったので、肝心の声優の仕事をやれる時間がほとんどなくて、勉強する時間もあまりなくて……。有名になっていけばいくほど、声優業ができなくなっていったんですよね。

## 声優も音楽も頑張りたいと踏ん張っていたけれど

**—声優業と音楽活動の両立に悩んでいたと。**

当時は今みたいに抜き録りができないから、必ずその現場に来られる人でないとレギュラーに入れていただくこともできなくて。あとはやっぱりツアーでずっと回っていると喉がガラガラになっちゃうときもあって、そうするとキャラクターに影響が出て現場に迷惑をかけてしまうので、一年に1本だけアニメをやるとか、声優業はかなり限定してやっていたんです。二足のわらじを履いて頑張りたいって、自分は踏ん張っていたけれど、体力的には全然ついていけてなくて、精神と体とのバランスがおかしなことになりました。

**—今だったら両立できる方法も確立されていると思いますが、その当時は前例のないことをされていたわけですからね。**

その当時、業界的にそういう活動に対して寛容じゃなかったんです。「声優なんだから音楽活動で時間が取れないのはおかしいでしょ」みたいな風当たりも強くて、いろいろな意味で板挟みになっていたというのはありますね。新人だったので、現場に穴を開けるというのも絶対にやってはいけないことだったし。

**—時代的にもまだまだ上下関係にとても厳しい頃ですよね。**

先輩方にも「生意気じゃない？」みたいな感じで責められたりしていました。グラビアとか週刊誌とか、いろいろなところで取材を受けるときに音楽に対しての思いを話すと「声優なのに生意気」って言われてしまうんです。声優はタレントじゃないんだから、陰の役者なんだから、表に出てチャラチャラするなという時代だったんですね。でも、ちょうど私がデビューした頃に、初めてゲームに音声が入る時代になったんです。

**—PCエンジンとか出てきて、ゲームにCD-ROMが使われるようになって。**

そう！　懐かしい（笑）。今と比べたらデータ量はものすごく少ないですけど、セリフが入って、歌が入る時代になってきて。それでゲーム業界の方が起用してくださって、ゲーム雑誌の表紙をやらせていた

2001年3月号

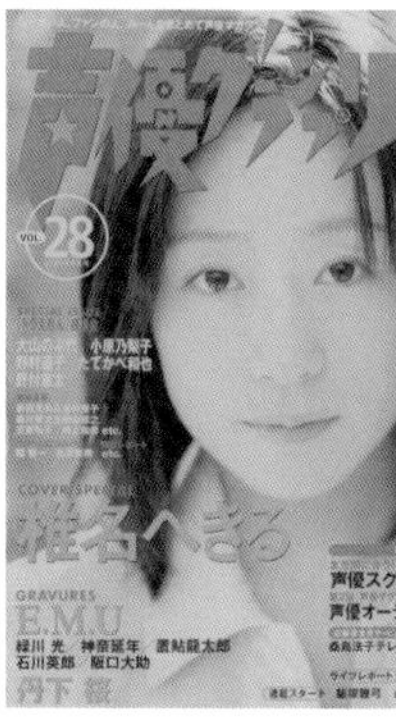


Vol.28（2000年5月号）

Vol.21（1999年3月号）

Vol.10（1997年発売）

だくことが増えたんです。

**——90年代はゲームもそうだし、ラジオでも声優の活躍が増えた時代でしたね。**

私も当時は、週に何本もラジオ番組をやっていました。1週間で一つの番組に100通くらいハガキが来るんですよ。そのくらい多くの方が当時はラジオを聴いてくださっていたんです。

**——当時のリスナーは雑音の中でも必死に耳を傾けていましたよね。**

そうですよね。一生懸命チューナーを合わせて。熱心なファンの方だと、チューナーが合わないと車で県外まで行って、その時間に聴いていらっしゃったりとかして。あと、皆さん当時はカセットテープで録音されていましたよね。今はパソコンとかスマホで好きな時間に聴けますけどね。

**——懐かしい話が次々と出てきますね（笑）。**

私もカセットテープを持って地方の営業に行っていました。地方の電器屋さんでCDを販売していただくときのイベントで、カラオケがテープなんですよ。ファンの方の前で「新曲歌います」というときも、テープをガチャって押さないといけなかったんです（笑）。

## アンニュイな写真の今だから話せる秘密

**——音楽活動、ゲームの収録、ラジオ、撮影や取材。多忙な生活だったんですね。**

睡眠時間が全然ありませんでした。だいたい一日3～4時間くらいしか眠れてなかったですね。

**——それも今では考えられない！**

だから、撮影をしていて気を失っちゃうこともあったんです。番組の打ち合わせをしていてもフッて落ちちゃうんですよ。「ちょっと！　大丈夫？」って言われて、「大丈夫です！（シャキーン！）」みたいな（笑）。でも、本当にダメなときは立っていることもできなくて、それでも撮影現場を飛ばせないというときは、寝そべったポーズに変えたりとか、座りのカットだけにしていただいたりしていました。とにかく具合は悪いし、気力もちょっと途絶え始めているから、アンニュイな感じで写っていたりして。

**——当時アンニュイな表情で写っている写真を見て、そういうイメージ戦略なのかなと思っていました。**

じゃなくて、本当に立てなかったんです。立てないし、どうしよう？みたいな。それで苦肉の策で寝転がらせていただくという、今だから話せる話です（笑）。

**——そんな多忙な生活の中でも「これがあったから頑張れた」というものは？**

自分が頑張ってこられたのは……ちょっと重たい話になっちゃうんですけど、18歳で業界に入って、そこからたまたまオーディションに受かった『精霊使い』とか『アイドル防衛隊ハミングバード』とか『魔法騎士レイアース』とかがあって、一気にファンの方が増えていくんですよ。海外も含めて、全国のたくさんのファンの方たちからお手紙を頂けるようになって。そのなかで、自分と同い年くらいの10代とか20代で、深刻な病気にかかっている子たちがたくさんいることを知ったんです。病院から外に出たことがないとか、外で歩きたいと思っているけど出られないとか、すごくつらい思いをしている子たちがいて、それなのに「椎名さんの音楽を聴くと元気が出ます」とか「椎名さんの写真を見ると幸せな気持ちになるんです。だから、すごく楽しみにしています」って、手紙をくれるんです。そういう方に何か、自分にできることで励ませないかな、エールを送れないかなと、早い時期からずっと思っていて。

**——応援したいという思い。**

なかには亡くなっていくファンの方もいたりして、そうすると親御さんから手紙が来るんです。もっとやりたいことがいっぱいあっただろうし、この子たちに恥ずかしくないように一生懸命生きないといけないなと思ったのが、今までずっと頑張ってこられたベースになっていると思います。特に直接何かできるわけではないんだけれども、歌とか声とか作品を通じて人生の喜びの一部になれたらいいなって。だから、私の歌ってきた曲にはエールを送る意味合いの歌詞が多かったと思います。

**——たしかにそうですね。**

もちろん受験生に向けてとか、これから社会人になる皆さんに向けてとか、いろんな意味でのエールの歌詞を書いてはきているんですけど、根本的な部分でそういうところでのエールが自分の中の軸になっていて、それが私にとってもエネルギーになっているんですよ。そうすると、自分がつらいとか大変とかいうことも思わなくなるんです。ファンの方たちの数だけいろいろな人生があるじゃないですか。ご家庭のご事情とか、身体的なこととか、そういったものを知れば知るほど……そう、震災も含めて。

## エンターテインメントは希望、気力の源になる

**—— 95年の阪神・淡路大震災と、2011年の東日本大震災。**

阪神・淡路大震災が起きた当時はラジオ番組によくお便りを送ってくれていたリスナーさんからの連絡が完全に途絶えて、数カ月たってもまったくハガキが来なくなったことがありました。番組で呼びかけたところで安否がわからないんですよ。何があったんだろう?と、気が気じゃなくなるし、かといって毎週呼びかけないではいられないし、そういうことも含めて阪神・淡路大震災は私にとってすごくショックな出来事でした。生きていると言いようのない理不尽なことがたくさん起こって、それでもみんな一生懸命生きている。そういう方たちの思いに比べたら、自分が大変だとかつらいだなんて、全然言えないなと思ってしまいますよね。

**—— なるほど。**

東日本大震災の時も東北にいたファンの子たちは大変な思いをされて、ちょうど私はツアー中だったんですけど、すぐに無料チャリティーイベントを開催したんです。そのイベントに宮城県の石巻から来た女の子がいたんです。その子のご家族は漁業をされていて、「波に飲まれました。大木につかまりました。生きてます!」って。そんな九死に一生を得る思いをしたばかりなのに、生きていることを私に報告したかったと、わざわざ東京まで来てくれて。本当に感動しました。

**—— まだまだ大変な状況の中で会いに来てくれたわけですからね。**

生きる強さって絶対に必要で、そこには希望がないといけないんですよね。夢とか希望がないと人は生きられないと思います。そのなかにはエンターテインメントが必要不可欠だと思うんです。たとえ嫌なことがあってもエンターテインメントを通してその人の人生に輝きが出たり、生きる気力になったりするから、やっぱりエンターテインメントを止めちゃいけないんだなというのは震災が起こった時に感じました。

**—— その思いが、椎名さんが活動を続けるうえでの原動力になっているということですね。**

歌を長く続けるうえでは、そういったたくさんの方の人生を通して自分がいるという思いが大きいと思います。逆にこの仕事をしていなかったら、いろいろな方の人生を知るということもなかったと思うので。

## 『レイアース』の光は自分にいちばんフィットした役

**—— コロナ禍ではエンターテインメントの継続も難しくなり、椎名さんもライブ活動の休止を余儀なくされました。**

2年間、ライブがまったくできなかったですね。去年の4月17日(=「417(しいな)の日」)から、やっとライブが再開しました。

**—— 前後して、ゲーム『スーパーロボット大戦』シリーズで『魔法騎士レイアース』の獅堂光を再び演じられています。**

光は愛着がすごくある役なので、とてもうれしかったですね。少なからず当時よりは演技がうまくなっていると思うので、もうちょっとちゃんとした光ちゃんを演じられたと思います(笑)。

**—— Vol.4に掲載されたインタビューで「何年たっても心に残る作品に出たい」というお話をされていて、まさに『レイアース』はそういう作品になったのではないかなと。**

光は自分自身にいちばんフィットした役だったと思うんです。体育会系だし、猪突猛進で、正義感にあふれていて、うそ偽りなく真っすぐな心で何にでも触れ合う。そこが作らないでよかったというか、演技をするんだけどストレートに演じられた役でした。自分の心をそのまま出していくような役で、今でもすごく好きですね。

**—— 近年では舞台への出演など活動の幅をさらに広げられています。**

ライブがなくなった時もミュージカルで歌わせていただける場があったので、すごく救われました。

**—— 『少女☆歌劇 レヴュースタァライト -The LIVE-』の走駝紗羽役は、パッと見た時に椎名さんだとは気づきませんでした。**

すごく言われます(笑)。今でも走駝紗羽という役は知っているけれども、私が演じているのを知らない方もいらっしゃいますね。もともと中学・高校と演劇部にいて、それが演技をするうえでのベースになっていたんですけど、この仕事をするようになって、声の演技はするけれども舞台演技をする機会がなくなってしまって。それでたまたま『レヴュースタァライト』のオーディションを見つけて、応募しようと思ったらたしか29歳までだったかの年齢制限があって……。かなりオーバーしているけど、受けさせてもらえるかどうか聞いてみたら、「どうぞ」とおっしゃってくださって。若い子たちに交じってオーディションを受けて、3次審査まで行ったのかな……?

**—— すごい!**

それで審査員の方々が気に入ってくださって、もともとなかった役を作りますということで生まれたのが、あのキャラクターなんです。生徒ではないんですけど役を割り振ってくださって。オーディションを受けさせてもらってよかったなと思いました。

**—— 年齢オーバーの段階で、挑戦せず見送ってしまう人も多いかと思いますが。**

多分、審査員の方はその人のやる気とか情熱を見ているので、大事なのはそこに覚悟があるかどうかだと思うんです。だから、年齢で何かを諦めるということはしない。本当にダメなときはダメでしょうがない。でも、ダメそうに見えても諦めずに一度進んでみるという勇気は、絶対に必要なんですよ。

ファンの方たちの数だけいろいろな人生がある

恥ずかしくないように、一生懸命生きないといけないなと

# 10 QUESTIONS

**一問一答で素顔に接近！　プラチナムな声優たちに聞きたい10のこと。**
**その答えに、30年輝き続ける秘密が隠されているかも!?**

Q モーニングルーティンを教えて！

A なっとう

朝は納豆がないとダメです。納豆を毎日食べるようにしていたら、肌がきれいになったねとメイクさんに褒められるようになりました！　納豆だけじゃなくて卵黄も入れて、最近はそれにキムチもトッピングするようにしています。

Q いちばん癒やされる瞬間

A ワクワクする時間

花を飾っているときとか、植木鉢を手入れしているときには癒やされます。あとはワクワクするような楽しい時間が私にとっては癒やしかもしれない。好きな歌を歌っているときはすごくワクワクします。

Q 90年代当時と変わったこと

A アフレコ現場

変わったことは山ほどあると思うんですけど、まずアフレコ現場ですよね。アフレコ用の映像がVHSとかDVDじゃなくてデータで送られるようになってきて、ラジオでも紙の台本がなくてiPadを渡されることがあったりします。

Q 最近笑ったこと／うれしかったこと

A 親に手料理を作ってあげたこと

数カ月に1回くらいの割合で親が家に来るのですが、いつも料理を楽しみにしてくれていて。「今日は何を作ってるの？」とか「おいしい」って全部食べてくれて、それを見ているとうれしくなりますね。

## Q 大人になってから見つけた楽しみ

### A 食の楽しみ

食の楽しみですかね。旬の食材を食べることとか。あとは楽しみなのかどうかわからないですけど、食品添加物に詳しくなりました。原材料表示を見て、できるだけ安全なものを選んで食べるようにしています。

## Q 当時から変わらないこと

### A 頭のゆるさ

頭のゆるさは変わらないかもしれない（笑）。今パーソナリティ歴25年目になるんですけど、こんなにラジオをやっていても毎週何かしら言い間違いをするし、読み間違いもするし、経験値はあるはずなのに全然変わらないですね。

## Q 最近気になった世の中のニュース

### A 再生医療

身近な方とかファンの方でも脳梗塞や心筋梗塞、交通事故で手足が動かなくなった方がいらっしゃるんですけど、再生医療が発展したらまた幸せな生活を取り戻せるから、早く進歩してほしいなと思います。

## Q 最近おいしかったもの

### A チョコレート菓子

バニラビーンズさんというショコラ専門店のお菓子がとてもおいしくて、パリトロスイートというのが私はすごく好きですね。ケーキ状のサクッとしたところと生ショコラの組み合わせになっていて、どんな疲れも吹き飛びます。

## Q 今後の人生で成し遂げたいこと

### A 家族の願いを叶える

私の家族全員がドナー登録していて、看取り人が私なんです。家族はみんな自分に何かあってからも人の役に立ちたいと考えているので、その願いを最後まで叶えてあげることが今後の目標かなと思います。

## Q 昔からのファンへのメッセージ

### A 健康に気をつけて、一緒にライブを！

健康に気をつけてください、体を大切になさってください！　って、どうしても健康の話になりがちなんですけど、最終的には椎名へきる本来のライブができるまで、皆さんぜひ応援してください！　一緒にライブを作っていきましょう！

## PROFILE

しいなへきる●3月12日生まれ。ボイスキット所属。1993年、OVA『アイドル防衛隊ハミングバード』取石水無役で声優デビュー。94年からアーティスト活動を開始し、97年に声優として初の日本武道館コンサートを開催。また、これまで通算450本を超えるライブを開催している。主な出演作はTVアニメ『魔法騎士レイアース』(獅堂光)、『地獄少女』シリーズ(山童)、『生徒会役員共』(轟ネネ)、『ガールズ＆パンツァー』(蝶野亜美)、『はたらく細胞BLACK』(マクロファージ)、『シャーマンキング』(ラザホー)、『ポプテピピック2』第6話(ピピ美)、舞台『少女☆歌劇 レヴュースタァライト -The LIVE- 』(走駝紗羽) ほか多数。

ダメそうに見えても進んでみる勇気は、絶対に必要なんです

同じ時代を歩いてきたみんなのために

# 國府田マリ子

1994年、声優グランプリ創刊号の表紙を井上喜久子さんと共に飾ってくれた國府田マリ子さん。当時の声優ブームの中心を担い、アーティスト活動でも多くの名盤を残し、ラジオパーソナリティとしても大人気でした。“マリ姉”の根底には「大事な人たちを笑顔にしたい」との想いが変わらずあるようです。

撮影／アライテツヤ　ヘアメイク／南田英昭 (addmix B.G)　スタイリング／高山良昭　取材・文／斉藤貴志

大事な人が笑ってくれたら何よりうれしい

Vol.1（1994年発売）

## 創刊号の撮影では きっこさんに甘えていました

**―声優の雑誌が創刊されると聞いた時は、どう思いました？**

当時の編集長が青二（プロダクション）までいらっしゃって、専務に「こういう本を作りたいので、ぜひ力を貸してください」とお話しされたんですね。それを私も一緒に聞いていて、「何て楽しそうなんだ！」と。「わかりました。よろしくお願いします!!」と言いました。

**―ノリノリだったんですね。**

いえいえ、すごく真剣なノリですよ（笑）。素敵なことじゃないですか。中学や高校の時は夢がたくさんありますけど、社会に出て何年もたって、現実でいろいろなことにぶつかるポジションの方に「こんな夢があるんです」と言われたら、協力しない理由はなくて。しかも自分に表紙で声をかけてくれて、何て光栄なんだろうと、すごくうれしかったです。

**―ただ、國府田さんは去年のバラエティ番組『X年後の関係者たち』の「声優ブーム」の回でも、「写真を撮られるのは大嫌いだった」と話されていました。**

高校生の時も、写真部の方に突然フッと撮られることがあって、それがすごく苦手で。仕方なく私も写真部に入って、撮る側に回りました（笑）。でも、それはプライベートの時間の意識で、お仕事であれば、きちんと求められる画を残したいと思っていました。

**―創刊号の写真はかなり作り込んでいますよね。ウィッグをしていたり。**

自分が変わっていくのが面白かったです。自分ではしないメイクや格好をしていたので。大好きなきっこさん（井上喜久子）と撮るのも楽しくて。この写真の甘え方！ちょっとくっつきすぎ、みたいな（笑）。

**―その後、単独表紙も何度も飾りました。だんだん撮影に慣れてきた感じですか？**

いまだに慣れていません（笑）。でも、スタイリストさんが「それそれ！」となっていたら「今は衣装がきれいに写っているんだな」とわかるし、編集さんやカメラマンさんに褒められると求められたものが出せているのかなってうれしくなりますね。みんなが「良いものができた」と世に送り出した写真を、手に取ってくれた方に喜んでいただけたら最高です。

**―自分が「こう写りたい」というよりも？**

それはめちゃくちゃ自信がある人が言うことでは？（笑）私の根底は役者なので、自分という存在に何が求められているかは、必ず考えます。そして、求められた以上のものを常に目指します。カメラマンさんがどんな画を欲しいのか察して、ならば、好きな人を思い浮かべるのか、ワンコなのか、ハンバーグなのか（笑）。

**―演じるようにイメージするというわけですか？**

そうです。「今、好きな人が私を撮ってくれているんだ」と思うと、そういう表情が出ますし、お腹がグルグル鳴っているときに「ハンバーグが来た」と思えば、「ヤッホー！」という顔になります（笑）。

**―写真集ではスペインまで撮影に行ったんですよね。**

連れていっていただきました。スペインにはシエスタがあって、その間は撮影しようにも移動もできなくて。仕方ないから私たちもお休みにして、コーディネーターさんに教わったスペイン語のノートを持って、一人で街を歩いていました。

**―どんな場所に行ったんですか？**

不動産屋さんとか（笑）。私、物件を見るのが大好きで。宅建を取ろうと思ったくらいなんです。引っ越しが多くて、女の子の家探しはナメられることが多いから、知識を勉強しているうちに面白くなりました。スペインの不動産ってどうなんだろうとのぞいたら、執事みたいなおじさんが出てきて。「ご覧になりますか？」と言われて。見てみたら、お城が売られていました（笑）。

**―街の不動産屋で。**

スペインの人はこんな所に住んでいるのかと。日本から来たと言っても「買えます」ということだったので、あの時に城を買っていたら、私は今ここにいませんね（笑）。

## 光希、シャオリン…… 大好きなキャラクターたち

**―創刊号の頃の國府田さんは、『ママレード・ボーイ』で主人公の光希を演じていました。**

長くやらせていただきました。最初「自然にやってください」と言われたんですが、先輩たちには「もっと息芝居をしたほうがいい」とアドバイスを頂いたり。当時はアフレコが終わったら、みんなで飲みに行って、「お前のあの芝居は何だ？」とか話していたんです。たくさんのことを教わって、その中から自分がチョイスして、光希はこうありたいと。いつもそんなことばかり考えていました。

Vol.5
（1996年発売）

Vol.14
（1997年12月号）

Vol.20
（1999年1月号）

2000年11月号

2001年8月号

2005年3月号

**―ときめきあり、すれ違いありと揺れ動く役でした。**

いつも「何で?」と思っていました。「なぜ、そこでこじらせるの?」と。

**―その中で自然に演じていたと。**

彼女の魂がすごくピュアだったので。あまりアニメ、アニメしたくなかったと思うんです。私は声がこうだから、なおさら芝居はナチュラルに……と考えて演じていました。

**―今でも覚えているようなシーンはありますか?**

みんなに「キスシーンはどう録ったの?」と聞かれるんですよね（笑）。最初の頃は恥ずかしくて、「どうしよう……」と言っていたら、先輩たちが出ていっちゃうんです。「恥ずかしいなら、二人きりにしてあげる」って。「そのほうがイヤ!」みたいな（笑）。

**―そういうシーンって、声優さんはどういう感覚なんですか? 自分がキスするわけではないですけど。**

でも、芝居をするので、怒っている場面では自分の手も実際に冷たくなったりするんです。だから、好きな人と話してドキドキする場面では、本当にドキドキしています。そうでないと、全部ウソになってしまう。リアルにやればいいわけでもないですけど、その頃の私にはテクニックの〝テ〟の字もなくて。じゃあ、自分の体と感情をどう持っていくか。そういうことしか考えていませんでした。

**―『まもって守護月天!』ではヒロインのシャオリンを演じました。**

シャオも大好き。あんなに好きな人と出会えて、仕えることができたのは羨ましいです。私はずっと空を見て育った人で、しかも太陽アレルギーだから、お月様を見て考えごとをしたり、話しかけることが多くて。月の精霊役なんてうれしかったです。

**―人間を演じるときにない感覚もありました?**

シャオは人間の概念を超えて何年も何年も生きているので、いろいろなものを見てきたんです。その分、傷ついてもいて。純粋だけど子供と同じではなく、汚いところを知ったうえでの純粋さ。それを踏まえて芝居していかないと、ただのかわいい女の子になってしまうんです。

**―演技的なハードルは高かったと?**

ポイントでそういうシーンが入ってくると気が引き締まりますけど、あとはみんながワイワイ騒いでくれることが多かったので、すごく楽しかったです。

**―1話から、主人公の太助を助けるつもりで、学校を壊していたり。**

ただ、彼女は〝好き〟という感情を与えられてなかったので、その中でもがく姿をどう表現したらいいかは考えていました。実際には太助様を好きな気持ちはある。これは何なんだろう? 持ったらいけないもの? そういう想いがずっと彼女の中にあるのを、どうやって出していくか。我慢する芝居が多くて、切なかったです。

**―最終回前に支天輪の中に戻るときは、「ここにいたいの!」と叫んでいました。**

初めて言いました。きれいなシーンでしたね。あそこだけはストレートにやりました。感情をバーンと出していいところだったので。

## 音楽活動で多忙な生活に「この子死ぬよ」と言われて

**―当時の國府田さんは、音楽活動でも名盤を相次いで生み出していたり、ラジオが毎日のようにあったり、怒涛の日々でしたよね?**

家には帰れていませんでした。連日レコーディングで、一度シャワーだけ浴びたくて、夜中に新宿のハイアットに行ったんです。「宿泊しか承っていません」ということだったので、泊まってシャワーを浴びてリフレッシュしてきました。

**―シャワーを浴びるために高級ホテルに?**

そのときに必要なことしか考えてなかったんですよね。あの頃は、スタッフさんに抱えられて、お医者さんに担ぎこまれることも多くて。マネージャーさんが「休ませないと、この子死ぬよ」と叱られていました。毎回そう言われながら、「生きてるし」みたいな感じでしたけど（笑）、今思えばギリギリだったのかな。でも、私はお仕事していると元気なので。音楽の現場では、スタッフもミュージシャンも誰も妥協することなく、常に自画自賛で作品を出していました（笑）。

**―昔出した曲を、最近でも自分で聴くことはありますか?**

ポジティブでいられなくなったときに聴いています。そういうときは、頑張っていた自分に申し訳ないと思っているんです。いつも自分と戦ってきた感じで、「吹く風の中で」の〝あの日のぼくに恥ずかしくない自分でいたい〟とか、聴くと私自身が励まされることがあります。

# 周りがすごい人ばかりで常に悔しい想いをしているんです

**——詞も自らかなり手掛けるようになりました。**

作詞は戸沢暢美さんにビシバシ鍛えていただきました。電話口で「書けないときは書いて書いて書きまくるのよ！」と絶叫されたので、何枚も書きまくってファックスしたら、「1枚にまとめなさい！」と怒られたり（笑）。愛情いっぱいで「私の大事な時間を使っているんだから、あなたも真剣にやりなさい」という。私も真剣にやっていましたけど、多分足りてなくて、「命を懸けてこい」ということだったんですよね。松原みきさんは作曲も教えてくださって、彼女が元気な時にもっと作ればよかったんですけど、叶いませんでした。

**——松原みきさんは近年になって、シティポップブームで注目されましたね。特に難産だった詞はありますか？**

「Ｈｏｒｉｚｏｎ」かな。漆黒の闇の中に浮かぶものは何だろう？ 言葉にできなくて、ウソは書きたくなくて。新宿のスタジオで夜中にレコーディングをしていたんですけど、（プロデューサーの）マイケル（前沢）に「私を海に連れていっておくれ」とお願いしたんです。「どうしても夜明けが見たい。そうしないと、この一節が書けない」と切々と訴えて。

**——どこの海に行ったんですか？**

千葉の九十九里です。初めて夜明けの海を見て感動しました。暗くて何も見えない中で、自分は闇を見ているわけです。海の闇って吸い込まれそうで、空と重なったときにどういう感情になったか。それが〝見渡す限りの暗闇に高鳴ってく〟のフレーズになりました。

**——実はこの歌詞の背景にはこんな出来事が……みたいな、今だから語れる話はないですか？**

基本的にウソは書けないので、自分の中にある感情やもらった感情を表現していて、実体験も入ってます。だいたいメロディに言葉を積み上げていくので、必ずしも体験そのままではないですけど、絵空事を書いているわけではありません。

**——「単三電池」の彼氏がコントロールが利かなくなったラジコンで遊んでいる描写とか、生活感も深みもありました。**

あれはもう見たまま、感じたまま。（プロデューサーの井上）うにさんは〝冷たい床〟を嫌がっていましたけど、この状況でそこは譲れませんでした。「ラジコンやったことないですか？ 感情とかけているんです！」と。うにさんとは恋愛の歌では、考えが合いませんでした（笑）。

**——ライブでは、97年に雨のよみうりランドEASTで行われた野外ライブは伝説になりました。**

すごい台風が来ていたんです。電車が止まるわ、遊園地のいろいろなものが動かなくなるわで、「中止にしますか？ 決めてください」と言われて。もう来てくれている人たちがいて、ここで「今日はやりません」と言われたら……とお話ししました。電子機器も使っていて感電の危険があるから、バンドの皆さんはテントの下にいてもらう。スポットライトは全部やめる。できる範囲でやらせていただいたんです。その分、結束力が上がって、1秒1秒が濃厚な時間になりました。

**——自分も観させていただきましたが、今も記憶に残っています。**

来てくれたみんなも逆境の中、カッパを被って、てるてる坊主みたいになって、湯気が出ているんです。幻想的な光景でしたね。振り向くと、ドラムの上に雨が吹き込んで、たたくたびにバーッと水滴が跳ねて、すごくきれいでした。私も本当に忘れられません。わがままを言いましたけど、やって良かった。これから先、歌えないと思うくらいつらいことがあっても、あのライブを思い出したら大丈夫。すごく楽しかったから、またやろうと頑張れます。

## 伝えたい熱い想いを
## ミディアムテンポに乗せて

**——時を経て、この3月に久々にミニアルバム『世界はまだ君を知らない』をリリースされます。**

構想4年、制作2年。今どんな歌を歌いたいか考えて、自分で歌詞を書いて、久しぶりに前澤さんに曲を作ってほしいと思ったんです。

**——撮影中に完成前の音源を流していただきましたが、しっとりして癒やされる感じですね。**

昔の曲は「Twin Memories」でも「僕らのステキ」でも、タカターン、バーン！ときていたじゃないですか。今は大きい音が超苦手（笑）。ビックリしちゃうんです。だから、熱い想いを歌いながら、ミディアムテンポで伝えることにチャレンジしました。

**——声優の仕事では、近年で特に印象的だったのは？**

『ちいかわ』が好きで好きで大好きで、アニメになると聞いて「オーディションを受けさせてください！」と言ったら、もう終わっていたんです。さめざめとこの世の終わりくらい落ち込みました。そしたら、後から出てくるキャラクターで呼んでいただいて。キメラ役と魔女の役で「これがワシの力じゃ。ウハハハ」と言ったり。うれしくて楽しくて、TVerで何回も観ました（笑）。

**——國府田さんは昔から、先ほど出た宅建のように、いろいろな資格にも興味を持たれていたようですが、最近でもありますか？**

疑問に思ったことは、ちゃんとわからないとイヤなんです。体を癒やす温泉場に行ったとき、足の不自由なおばあちゃまの介助を家族がしてあげないのを見て、「何で？」と忘れられなくて。その理由を知りたいだけで、日本福祉大学に入学しました。教授たちとさんざんお話をして、しっかり納得して、8年在籍して辞めました。

**——卒業はせずに。**

大学の方は「せっかくこれだけいたんだから」と言ってくださったんですけど、「今はほかにやりたいことがあります」と。この前はギターのタブ譜の見方がわからないところがあって、今さら人に聞けないから、初心者用の練習アプリを落としました。途中を飛ばせないので、「いつになったら私のやりたいリフが出てくるんだろう？」と思いながら、毎日ボーン、ボーンと弾いています（笑）。

**——ずっと変わらない國府田さんの公私に渡るエネルギーの原動力って、何なんでしょう？**

「やりたい」と思っている自分を裏切りたくないのと、周りがすごい人ばかりで常に悔しい想いをしているんです。だからこそ努力しようと。何より、今まで支えてくれたスタッフ、お仕事を一緒にさせていただいた方、そして、同じ時代を過ごして共に歩いて、いまだに応援してくれているみんなに向けて、もっと頑張ろうと思っています。自分の大事な人が笑ってくれたら、何よりうれしいですからね。

ポジティブでいられなくなると自分の曲を聴いて励まされています

# 10 QUESTIONS

**一問一答で素顔に接近！
プラチナムな声優たちに聞きたい10のこと。
その答えに、30年輝き続ける秘密が
隠されているかも!?**

### Q 最近笑ったこと／うれしかったこと

A 車に乗れない。

駐車場でギリギリの狭いスペースに車をとめたんですね。そしたら、乗れなくなりました（笑）。降りるときは足から出られましたけど、ドアを開けて乗るのは無理で、助手席から何とか入り込みました。いつも漫画みたいなことばかりしてます（笑）。

### Q モーニングルーティンを教えて！

A 猫のトイレの掃除

朝起きて最初にやることは、猫のトイレの掃除です。けっこう大変ですけど、にゃんこはトイレが汚いと早死にしちゃうので、すごく真剣にやっています。

### Q いちばん癒やされる瞬間

A 猫と犬とモフモフしているとき

猫と犬、どちらもご縁があって飼いました。その後、猫アレルギーのブチブチが出るんですけど。昔は鳥や金魚やカメに、ヘビがいたこともありました。みんなかわいいです。

### Q 90年代当時と変わったこと

A スイッチの切り換え

お仕事スイッチとのんびりスイッチの切り換えができるようになりました。昔は切り換えられたのは、ラジオでカフを上げた瞬間だけ。今は普通にしていていいときは、ボーッとしています（笑）。

PROFILE

こうだまりこ●9月5日生まれ。埼玉県出身。青二プロダクション所属。1991年にTVアニメ『きんぎょ注意報！』（朱子）で初レギュラー。主な出演作はTVアニメ『GS美神』（おキヌ）、『忍たま乱太郎』（ユキ）、『ママレード・ボーイ』（小石川光希）、『まもって守護月天！』（シャオリン）、ゲーム『Kanon』（水瀬名雪）、実写映画『Looking For』ほか。『世界まる見え！テレビ特捜部』などでナレーション。キングレコードからリリースしたアルバム、シングルの131曲をサブスク配信。ミニアルバム『世界はまだ君を知らない』が好評発売中。

Q 大人になってから見つけた楽しみ

A 愛情を注ぐこと

若い時は愛を与えてもらってばかりでしたが、愛情を注ぐ楽しみを知りました。人にも動物にも地球にも空にも花にも。育ててもらった地球や癒やしてくれる空も愛しくて、存在を感じたり歌にしたりしています。

Q 当時から変わらないこと

A 歌うことへの想い

死ぬまで歌っていたいなと思っています。

Q 最近気になった世の中のニュース

A カルガモ

毎年、カルガモがいつ道路を渡るのかなと気にしています。京都のお巡りさんはまた警護して移動させるのかな、とか。いいニュースがあまりないなかで、それだけは見たくて。

Q 最近おいしかったもの

A 風早いちご

茨城県の鉾田市にある風早いちご園さんのいちごはすごく好きです。甘くていい香り。何にも食べられないときでも、風早さんのいちごだけはモフモフ食べています。

Q 今後の人生で成し遂げたいこと

A 一瞬を大事に

毎日毎日、一瞬一瞬を大事に生きていきたいです。これはけっこう大変なことなんです。投げやりになってしまうときもあるので。

Q 昔からのファンへのメッセージ

A 一緒に時間を重ねていきたい

今度のミニアルバムでは、みんなの心に入ってくるような歌を歌っています。そこにメッセージがいっぱい入っています。みんなが中学の頃とかに悩んでいたこともラジオで知っていて、今は本当に頑張っているのが愛おしくて。これからも一緒にうれしいことや楽しいことを感じ合いながら、時間を重ねていけたらと思っています。

## 何があっても絶対に戻ってこようと思っていました

# 岩男潤子

愛らしい声とルックスで歌にアニメにと活躍していた岩男潤子さん。声優グランプリ創刊当時の誌上では、斬新な撮影にも挑んでくれました。その外見やたたずまいは四半世紀を経た今も変わりません。一方で、声優生命の危機も含めた多くの苦難も経験。波乱万丈の半生を振り返りながら、語ってもらいました。

撮影／根本好伸　ヘアメイク／茂木美緒　スタイリング／南 圭衣子　取材・文／斉藤貴志

いつも「今日が初めて」という気持ちで仕事をしています

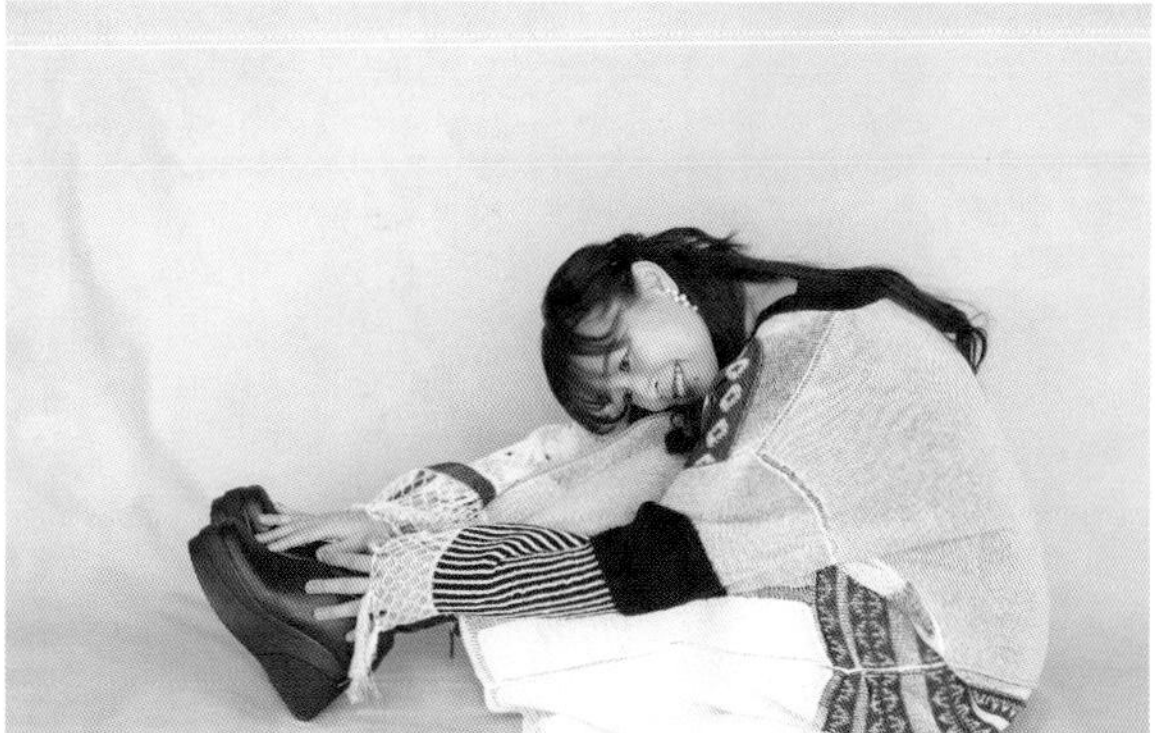

Vol.11（1997年6月号）

## あらためて見ると本当に思い切った写真ですね！

**—90年代当時の『声優グランプリ』のご自身の表紙号などを今ご覧になると、どう感じますか？**

28年前ですものね。本当に懐かしいです。アイドル時代はこういう撮影の機会はありそうでなくて、声優として、まさか表紙のお話を頂けるとは夢にも思っていませんでした。こんなにいろいろとチャレンジさせてもらえたのも、声優グランプリさんだけ。撮影のたびに自分の殻を破ることができていたなと、あらためて思いました。

**—Vol.11では、知らずに見たら岩男さんとわからないくらいのチャレンジをされています。ご自身の意向だったんですか？**

この時は、編集部さんに「ナチュラルな表紙からページをめくると〝女性はこんなにも変わる〟というのを表現してみませんか？」と、ご提案いただきました。メイク、衣装もすっかりご準備いただいていて。私は撮影当日に「えっこれも着るんですか⁉」と驚きの連続でした（笑）。着物とか妖艶な感じとか、自分になかった引き出しが一気に増えましたね。

**—演じるような感覚もありました？**

着るものやメイクに合う人物にならなければと、背中を押される感じでした。レコーディングした歌や声優として演じた役と重ねて、表情を作ってみたり。ピンクのウィッグは、付けた時点で、自分の顔ではなくなりました（笑）。

**—このウィッグの時は、どんなイメージだったんですか？**

海外のロックシンガーですね。シンディ・ローパーさんをイメージしたのを覚えています。日本武道館でステージを生で観たことがあったので。あらためて見ると、本当に思い切った写真ですね！

## 上京10年目にして運命の声優デビュー

**—初登場したのは、『モンタナ・ジョーンズ』で声優デビューを果たし、歌手デビューにもつなげた頃でした。当時は自分の周りの世界が変わった感じ？**

いえ、『モンタナ・ジョーンズ』の約1年前から声優養成所でレッスンを受け始めて、デビューしてからも2〜3年間はアルバイトをしていました。『モンタナ・ジョーンズ』を録る前夜もアルバイトでしたし、アフレコ後もまたアルバイトに行ってました。声優業だけでスケジュールが埋まることが目標でしたし、憧れていました。

**—TVアニメでヒロインを演じながら、バイトもしていたんですね。**

アフレコは週に一度で、それ以外の日は東京駅のキオスクや神奈川県のデパートの宝飾売り場で売り子をしていました。土・日はマイクを使うお仕事をしたくて、アンパンマンショーなどの司会のお仕事をさせてもらったり。『新世紀エヴァンゲリオン』のヒカリ役が決まった頃も、まだアルバイトはしていましたね。

**—『モンタナ・ジョーンズ』のオーディションは、キオスクでバイト中にたまたま関係者と会って、教えられたそうですね。**

そうなんです。「今、NHKのアニメで声優を募集している」と聞いて。以前お仕事でご一緒した方が、制服のネームプレートの〝岩男〟が珍しい名字だったので、「もしかして？」ということで声をかけてくれたんです。あのチャンスがなかったら、声優の道にたどり着けなかったと思います。

**—運命的だったんですね。**

本当にそうでした！ 履歴書の送り先を教わって、指定の時間にスタジオに行って、オーディションを受けさせてもらいました。フリーだったので、自宅の住所と電話番号を履歴書に書いたんですけど、なかなか合否の通知が来なくて……。その頃は携帯がなくて、「今日も留守電に入ってなかった」と思いながら連絡を待っていました。その時、ちょうど住んでいたアパートの更新時期が迫っていたんですね。当時23歳でした。13歳で芸能界を目指して上京した時に親と「10年頑張ってダメだったら帰ってくる」と約束した期限でもあったので、「今週中に連絡がなければ、終わりだな」と、実家に帰る荷物を段ボールに詰めていたんです。そしたら、ギリギリのところで合格の知らせを頂きました。

**—留守電に入っていたわけですか。**

その時はたまたま直接電話を取ることができて。1年間レギュラーのヒロインとい

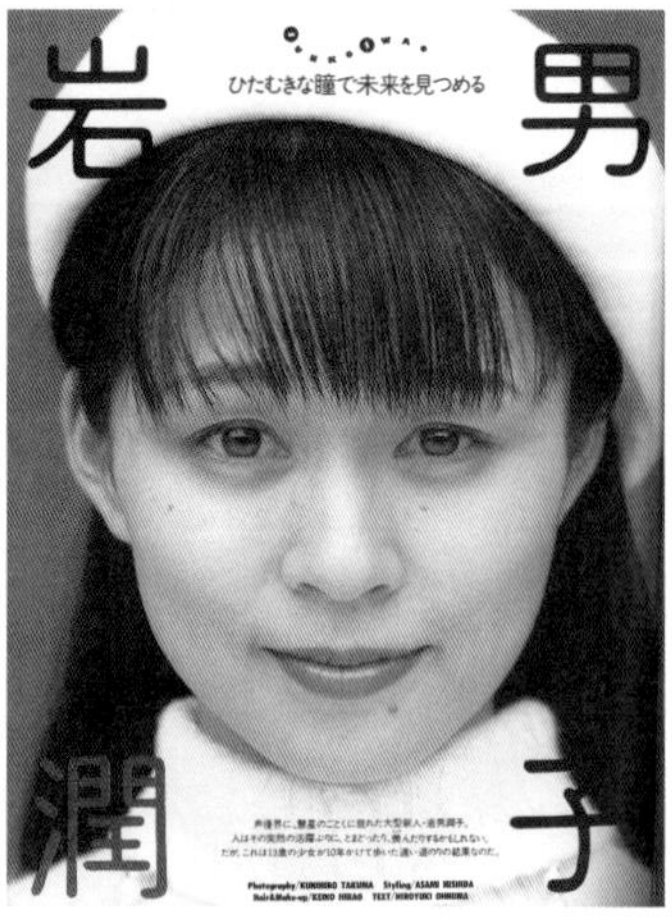

Vol.18（1998年9月号）

うことだったので、すぐ実家に電話して、両親と泣いて喜んで。「あと1年だけ頑張らせてください」とお願いしたんです。そしたら、父親に「ここから10年だよ！　頑張れ！」と言ってもらえて、東京に残ることができました。

## 視聴者からの厳しい意見に何度も落ち込んで

**—『モンタナ・ジョーンズ』ではヒロインのメリッサ役が新人の岩男さんで、他のキャストは大御所ぞろいでした。**

主人公のモンタナ役が大塚明夫さんで、中尾隆聖さん、滝口順平さんも出演されていました。女性では『アルプスの少女ハイジ』のクララの吉田理保子さんがいらして、憧れの方たちとご一緒できることに舞い上がっていました。30分のアニメを午前から午後にかけて録っていて、手取り足取りご指導いただきました。お昼休みには先輩方とランチをしながら、すごく温かい現場でスタートさせてもらえたと思います。

**—いきなりの大役で求められることも多くて、くじけそうにはなりませんでした？**

自分のできなさ加減に何度も落ち込みました。視聴者の方から厳しいご意見も届いて。「一人だけ素人がいる感じで、すごく気になります。代えてもらえないでしょうか？」というお手紙やファックスがたくさん届いていたんです。プロデューサーさんから「現実を知っておいたほうがいい」とそういうお手紙を渡されるたびに、「メリッサ役を降ろされてしまうんじゃないか」と不安で仕方なかったです。

**—結果的には1年間まっとうしたわけですが、今でも覚えているようなシーンはありますか？**

毎回セリフの距離感にはとても苦戦しました。メリッサが何度も「モンタナ」と呼ぶんですけど、呼び方を場面によって変えることが難しくて。すぐそばにいるときの「ねえ、モンタナ」と、離れているときの「モンタナー！」など、言葉の掛け合いの距離感の違いがつかめずとにかく悩みました。「どこか照れがある」とも言われましたし、段取りで「次が私のセリフだから」ではなく、なぜそのセリフを言うのか「もっと内側から出てこないとダメだよ」と先輩方に教わりました。普段の生活の中にも感情表現のヒントはたくさんあるというありがたいアドバイスもいただきました。スタジオ以外でも毎日アフレコのことで頭がいっぱいでした。

## 現実でのつらい経験が演技につながった

**—R15指定となった映画『パーフェクトブルー』での元アイドルの女優・未麻役は、声優として挑戦だったようですね。**

オーディションのお話を頂いた時、マネージャーさんに険しい顔で「真剣に考えてほしい」と言われました。絵コンテで過激なシーンを見せられて「どうかな？」と。最初は正直驚きましたけど、自分のアイドル時代に未麻のような想いをしている子もいましたから。私自身、水着の撮影と言われて現場に行ったら、そうでない展開になりかけたことがあって。

**—より激しい露出を求められたり？**

はい。それで逃げ出したくなって、「ここで逃げたら干されるよ」と言われましたが……。「それでもやりたくないです」と言って、事務所を辞めた経験があるんです。でも、未麻は「事務所のみんなに迷惑をかけられない」と自分の気持ちを抑えて挑んでいて。「本当はやりたくないに決まっているじゃない！」と感情が爆発する場面が、すごく生々しく描かれていました。私自身が現実で超えられなかったところがたくさん描かれていて、芸能界の厳しさに向き合う意味と、声優として生き抜く覚悟を迫られているような気持ちにもなりました。この作品に挑むことで、演じることで、何か大切なことを伝える。そういう時期に来ているんじゃないかと思って、オーディションを受けることにしました。

**—オーディションを受けるだけでも悩んだんですね。**

最初は親のことを考えて、ファンの方の顔も浮かびました。これまでは清楚な女の子の役を演じてきたのに「こんなことをしちゃうの!?」と驚かれないかと。でも、最終的には自分で覚悟を決めて、未麻を演じたい「やるしかない」というところに至りました。

**—当時は異色のサイコホラーで、夢と現実、記憶と事実の境界が曖昧になるところも演技的にハードルは高かったのでは？**

内容を全部把握してアフレコに臨んで、これから起こる恐ろしいことを自分がわかっていただけに、出だしから暗くなってしまったのを今（敏）監督に指摘されました。最初はアイドルグループを卒業するところからで、明るいトーンでしゃべらなければいけない場面を何度も録り直すことになりました。二日にわたって、アイドルの未麻

絶望の淵から復帰までたどり着けた時はうれしくて仕方なかった

と現実の未麻を分けて録る形になりました。

**—未麻は精神的に追い詰められていきました。**

プライベートで実際に恐ろしい経験をしたことがあって、そのときの怖さがリアルによみがえりました。

**—フォトエッセイ集に書かれていたストーカーのことですか？**

はい。家の中に知らない人がいて、母親と追いかけたことがあるんです。その経験が、未麻の「あなた誰なの？」というセリフや商店街を裸足で走る場面に重なりました。実際は母親が「あんた誰ね!!」と方言で叫んで、私は怖くて声も出せず膝がガクガクしてしまって。やっとの思いで「誰か助けて！」と叫んだことを思い出しました。リアルに体験した恐怖の場面と重なったこともあって、泣きながら演じました。今監督から、「あの場面、本気で怖がっていましたよね。」と後に尋ねられて、自身の経験が思いがけず、演技に役立つことになった話をしました。

**—『カードキャプターさくら』の知世は最初からやりたかった役ですか？**

よく行く本屋さんで原作の1巻が平積みされていて、光り輝いて見えたんです。迷わず買って読み進めていくと、知世ちゃんが歌の好きな女の子だとわかって、「いつかこの役を演じてみたい」と日記に書き留めたのも覚えています。それから1週間もたたないうちに、アニメの知世ちゃん役でオーディションの話が来ました。

**—「わたくし、さくらちゃんが大好きですわ」みたいなお嬢さま言葉は、自然に言えました？**

いえいえ。「〜ですわ」なんて言ったことがありませんから（笑）。でも、照れてしまっては知世ちゃんらしさを出せなくて。オーディションではCLAMP先生からのリクエストで、うんと高い声にして合格を頂きました。アフレコの台本ができる前から、原作の1巻のセリフを家で何回も声に出して読んで、なじむように練習しました。

**—ハマり役になりましたね。**

知世ちゃんの声で歌も歌えて、そういうことが夢だったから、本当にうれしくて。アフレコもレコーディングも毎回楽しかったです。

## 耳も聞こえず車いす生活に絶望の淵を乗り越えて

**—そうした華やかな活躍をしながら、2008年には耳の病気で手術をしたり、大変な時期もあったんですよね。**

最初は、激しい頭痛とめまいの症状でした。手術を受けるしかなかったんです。左耳の鼓膜を切開して、ずっと後遺症が残ると言われました。右耳もストレスで突発性難聴になってしまって。両耳ともダメで、看護師さんが近くで話している言葉も聞き取れず、三半規管にも影響が出て、一時期歩くことが困難になり車いす生活になって。その頃は本当に気持ちが落ち込んでいました。「このまま聞こえないかもしれない」ということだったので、手話の勉強をしながら、自分が演じていた役の代役の方が決まったと連絡が来たり。もうこの仕事ができないのかと思うと、本当につらかったです。

**—「つらい」どころではなかったのではありませんか？**

そうでしたね。耳のために音を聴いてはいけなかったので、よく本を読んでいました。気分が落ち込まないように、希望を持たせてくれるようなタイトルの本を、マネージャーさんに買ってきてもらって。でも、ふとしたときに良からぬことを考えたりもしていて……。当時は絶望の淵にいたんだと思います。

**—そんな時、励みになったものは？**

シンガーソングライターの相曽晴日さん

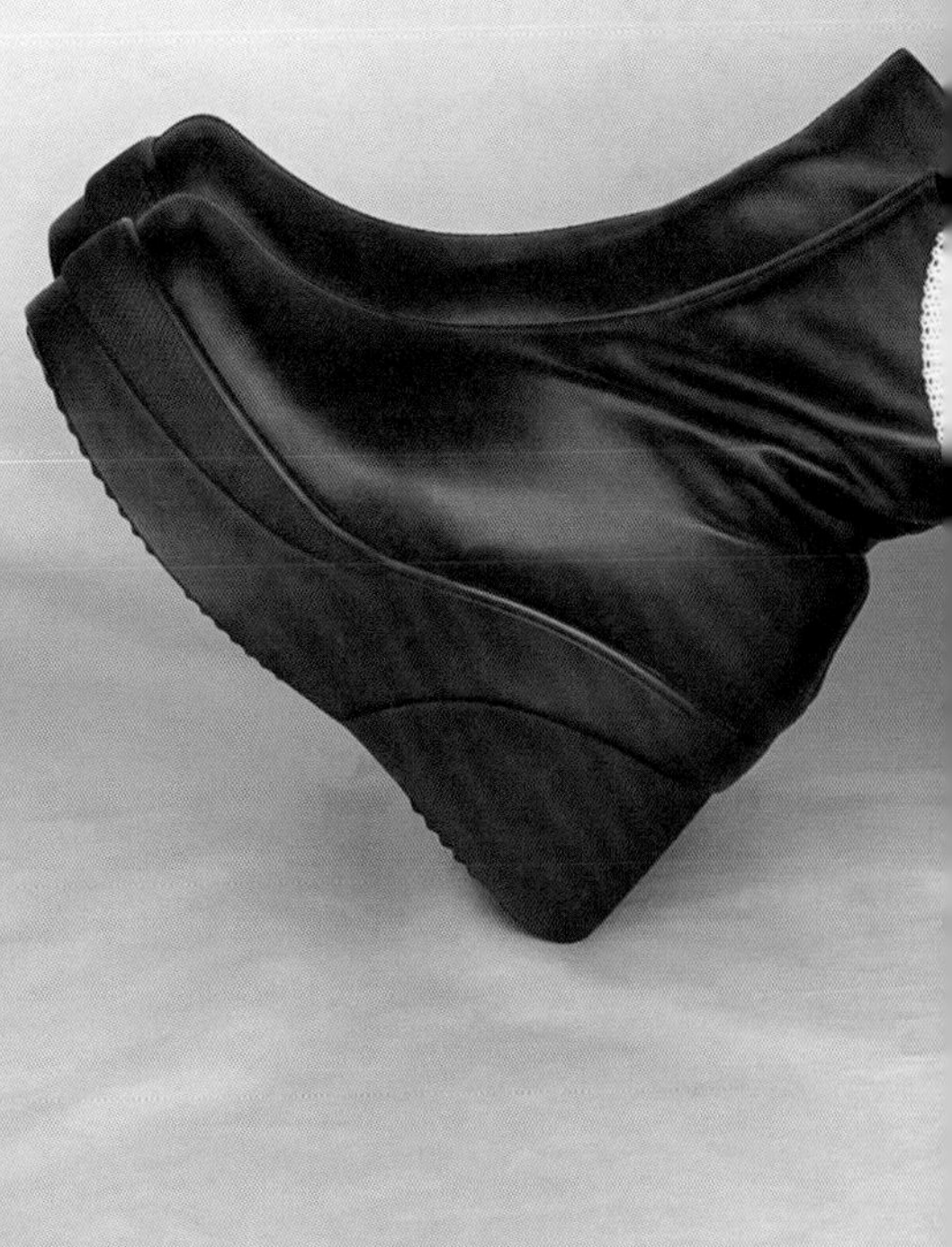

が、絵本画家で園芸家のターシャ・テューダーさんという人の本をプレゼントしてくださって、とても勇気づけられました。

**——後年は自給自足のスローライフをしながら、創作活動をした作家さんですね。**

「あなたはあなたのままでいい」といったメッセージが込められていて、きれいな挿絵に癒やされながら、「いろいろな経験を積み重ねて、ターシャさんのような素敵な女性になりたい」と思うようになりました。あと、少しずつ音も聴けるようになった頃、パソコンに入れていた（『カードキャプターさくら』挿入歌の）「夜の歌」をふと聴いて、「また知世ちゃんの声で歌いたい！」と思いました。本当に時間がかかりましたけど、そんなふうにじわじわと心が回復して、だんだん体もついてきて、気づけば「そんなこともあったな」と思えるくらい健康に戻りました。

**——耳も結局、回復したんですか？**

今も後遺症は残っていますけど、お仕事に影響が出ないまでにはなりました。復帰までたどり着けた時は、うれしくて仕方なかったです。まだ杖をついて、『ちびまる子ちゃん』の現場に行ったら、『モンタナ・ジョーンズ』からお世話になっていた音響監督の本田（保則）さんが「よく帰ってきてくれた。キミの役はキミにしかできないんだ」と励ましてくださって。何があっても絶対ここに戻ってこようと思いました。

## 25年ぶりの舞台経験が生涯の財産になった

**——最近の仕事で大きかったことは？**

TARAKOさんからお声がけをいただいて、昨年12月に26年ぶりに舞台に出演しました。中尾隆聖さんが主宰されていたドラマティック・カンパニーの舞台以来で、その後はお話を頂くことがなくて。自分からも飛び込んでいけなかったので、思い切ったチャレンジでした。

**——WAKUプロデュースの『それがあっての今日』で、ストリップ劇場のはすっぱな感じの踊り子役でしたね。**

作・演出のTARAKOさんは最初、別の役で呼んでくださったんです。お稽古が進むなかで、途中から「宮田こんぶ」役にチェンジになりました。こんぶは、昔いじめにあって、自分の殻を破ろうと強く生きている女の子で、言葉づかいも男っぽく。第一声から「顔怖えよ！」「黙ってろ！」というセリフだったり、人前であぐらをかくような大胆さもある役でした。「難しい役柄だけどチャレンジしてほしい、今までにない岩男潤子を見てみたい」とTARAKOさんから言ってもらえたこともうれしかったですし、精いっぱい応えていきたくて、こんぶ役になりきりたくて、試行錯誤を重ねました。

**——どこかでつかめたんですか？**

通し稽古に入ってからも、自分だけまだ芝居に溶け込めていない感じがして、ギリギリまで焦っていました。最終稽古でもセリフが出てこない場面があって、きっとみんなハラハラされたと思います。TARAKOさんを始め、共演の皆さんから、「間違えたらどうしよう、というのが見えてしまう。みんながいるから大丈夫！　強気でね！　強気でいけば絶対大丈夫だから」と力強い言葉をかけていただいた時に、不安から暗い表情になっている自分にハッとさせられました。そして、「昔もこんなことがあったな」とふと思い出しました。

**——と言うと？**

20数年前、『モジャ公』でヒロインのみきちゃんを演じた時、モジャ公役の田中真弓さんに「みきちゃんはもっと明るいのよ。岩男潤子という服を脱いでごらん。私が背中のファスナーを開けてあげるから」と言ってもらったことがありました。「そうか。私には常に明るさと思い切りが足りないんだ」と反省し、気持ちを強く持って舞台に挑みました。これまでの自身の生き方を振り返る機会にもなった「命」をテーマにした今回の舞台は、生涯の財産になりました。TARAKOさんと皆さんに感謝の気持ちでいっぱいです。

**——これだけ芸歴が長くても、まだ進化は続いているんですね。**

自分では普段、芸歴はあまり意識せず、毎回「今日が初めて」という気持ちで現場に臨んでいます。気づいたら、周りの方に「25年を超えたら、ひるむことなんてないでしょう」と言われるようになりましたけど、全然そんなことはなくて。一つお仕事が決まれば素直にうれしいし、その役を演じるために初心を思い出して挑んでいます。

**——近年だと『シン・エヴァンゲリオン劇場版』では、一つ区切りがついた感慨がありませんでした？**

台本を頂いて、ヒカリたちが生きていたことに驚いて、感動しました。リハーサル用の映像で大人になった姿を見て、お話の中ですごく時間が過ぎていたことも感慨深かったです。ヒカリはお母さんになっていましたから。中学生の頃から想いを寄せていたトウジと結婚できて良かったねと、涙ぐみながら台本を読みました。

**——岩男さん自身、その間に波乱万丈の人生を送られてきました。長く支えになってきたものは何でしょうか？**

いろいろあったにもかかわらず、ずっと応援してくださるファンの方たちには、どう感謝を伝えたらいいんだろうと、いつも思いますね。皆さんがお便りやツイッターで寄せてくれる「またコンサートが観たいです」とか「レギュラーが決まることを願っています」といった言葉は、本当に支えになっています。

**——声優デビューから25年以上にわたって、応援してくれている方もいますか？**

アイドル時代からだと37年ですね。今でも新しい動画や写真をアップすると「セイントフォーの頃から応援しています」というコメントも頂きます。本当にファンの方たちはありがたい存在です。

「何一つ無駄はない！」とみんなに伝えたい

# 10 QUESTIONS

**一問一答で素顔に接近！
プラチナムな声優たちに聞きたい10のこと。
その答えに、30年輝き続ける秘密が
隠されているかも!?**

Q いちばん癒やされる瞬間

## A 編み物

編み物が好きなんです。中学生の頃に親元を離れて上京した時、事務所の寮でホームシックになっていた私を見て、寮母さんが「何もないところから形になると元気になれるよ」と教わって以来です。以前は祖父母や両親にマフラーをプレゼントしたことも、最近は、愛犬のおもちゃを入れる小物入れを編んだり、自分のために膝掛けを編みました。

Q 最近笑ったこと

## A 舞台稽古

『それがあっての今日』の舞台は劇団の皆さんがアットホームで、笑い声が絶えませんでした。稽古中、セリフや動きを間違えてしまっても、全部笑いに変えてくれたり、休憩中の会話も常に明るくて和やかな現場でした。

Q 90年代当時と変わったこと

## A 笑顔の切り替え

若い頃よりも気持ちの切り替えが早くなったのだと思います。ドジな自分も笑って受け入れて、さまざまなことに前向きにチャレンジできるようになりました。

Q モーニングルーティンを教えて！

## A 愛犬のポメラニアンに毎朝起こしてもらっています（笑）

アラームが鳴るのと同じタイミングで、クゥーンと甘えたような声を出して、お手をするような仕草で起こしてくれるんです。きっと朝のお散歩とご飯のおねだりですね（笑）。

Q 当時から変わらないこと

## A 仕事への想い

声優でいたい、歌を歌っていきたい……という想いと情熱は当時からまったく変わっていません。子供の頃に見た夢が今もずっと続いています。

PROFILE

いわおじゅんこ●2月18日生まれ。大分県出身。岩男潤子オフィス所属。1994年にTVアニメ『モンタナ・ジョーンズ』（メリッサ・ソーン）で声優デビュー。主な出演作はTVアニメ『新世紀エヴァンゲリオン』（洞木ヒカリ）、『モジャ公』（河野ミキ）、『カードキャプターさくら』（大道寺知世）、劇場アニメ『パーフェクトブルー』（霧越未麻）、『ちびまる子ちゃん』（ケンタ）、OVA『KEY THE METAL IDOL』（巳真兎季子）ほか。1995年に1stシングル「シャッターチャンスの連続」をリリースして、歌手としても活動。デジタルシングル「一番近くて遠い星」が配信中。

Q 最近見つけた大人の楽しみ

A アート書道

昨年からアート書道を習い始めました。さまざまな業種の方と一緒に受けるレッスンが刺激にもなって、大人の楽しみの一つになりました。いつかお披露目できるよう続けてみたいと思います。

Q 最近おいしかったもの

A ショートケーキ

舞台のお稽古が始まってから今回の撮影が終わるまで、我慢していたものが、ショートケーキでした。昔からケーキやアイスクリームが大好きなんですけど、何かを頑張った後のごほうびとして頂くようにしてるんです。達成感と同時に味わったショートケーキは格別でした。

Q 最近気になった世の中のニュース

A 戦争

戦争がいちばんつらいです。歴史の中で悲惨さを知っているはずなのに、繰り返してしまう悲しさと恐ろしさを感じます。どうかこれ以上の被害が広がらないことを祈るばかりです。

Q 今後の人生で成し遂げたいこと

A 喜びを分け合う

2022年は、大変光栄なことに「第十六回 声優アワード 高橋和枝賞」を受賞することができました。本当に驚きました！人生初のトロフィーを手にすることができた喜びを胸に、今後も、生涯現役という夢を持ち続けながら、この世界を目指している方や現場で頑張っている新人さんたちに、何一つ無駄はないからとさまざまな形で伝えていけたらと思っています。自分が達成できた喜びを自分だけのものにせず、たくさんの人たちに経験してもらいたいです。

Q 昔からのファンへのメッセージ

A 末永く応援してください

また元気な姿をたくさん見ていただけるように、大好きな歌とお芝居を続けていきます。ステージで皆さんの前に立てたときの幸福感は言葉では表せませんし、これからもいろいろな場所で皆さんに声をお届けできるよう頑張ります！　どうか末永く応援してください。

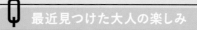

## たくさんの役に巡り合えた幸せ

# 横山智佐

元祖アイドル声優であり、キャラクターのコスプレを披露し、主役を演じた『サクラ大戦』は2.5次元舞台のはしりに。高校時代に活動を始めて、声優界で先駆けとなり続けてきた横山智佐さん。『新機動戦記ガンダムW』や『魔法少女プリティサミー』などで数々の役も演じ、現在は一児の母としても充実の日々を過ごしているそうです。

撮影／石田 潤　ヘアメイク／福田まい（addmix B.G）　スタイリング／ナミキアキ　取材・文／斉藤貴志

一度休んで留学したことで、余裕を持って仕事を楽しめるようになった

「智佐は度胸と愛嬌だ」と言われて頑張ってきました

横山智佐
わたしだけの、未来の記憶。

なりたい人、ファンの人、み〜んなまとめて声優マガジン
声優グランプリ
横山智佐

Vol.6（1996年5月号）

## 20代で独立・海外留学
## 心構えがすっかり変わる

**―横山さんは24歳の時に独立して、個人事務所を構えました。自立心が強かった？**

そういうわけでもなくて（笑）。でも、先にフリーになられた先輩の佐々木望さんのお話を聞いて、一人でやったほうが気楽なのではと思ったんです。数は多くなくていいから「ぜひ横山智佐と」と言ってくださる方と、濃い仕事をしていきたいと考えていました。

**―仕事の数もむしろ増えたようですね。**

独立して身軽になったら、いろいろな方に声をかけていただきました。助けてもらいながら、意外と何とかなるなと。以降ずっと気楽にやっています（笑）。

**―マネージャー的な人はいたんですか？**

誰もいないです。どの現場にも一人で行って、どの電話も自分で取りました。

**―交渉事や事務も自らされて。**

そういうことが面倒くさくなかったんです。よく『サクラ大戦　歌謡ショウ』の楽屋で請求書を書いていて、笑われました（笑）。今も会計ソフトに自分で打ち込んで、インボイスの登録もしなくては……という感じです。

**―フリーになった後、94年にはオーストラリアで15週間の留学をされました。**

20歳くらいから声優として軌道に乗ってきて、忙しく仕事をさせていただいていたなかで、ふと「このままずっと、スタジオと家を往復していくだけなのかな」と思ったんです。何か違うこともしてみたくて。そんな頃、『ノンタンといっしょ』で共演した高乃麗さんから、学生の頃に交換留学生としてオーストラリアで過ごした話を聞いたんです。それがカッコよくて憧れて。

**―オーストラリアの中でも、ケアンズに行った理由は？**

本当は1年のつもりで、だいぶ前から新しい仕事を入れないようにしていたんですが、次の春まで空くはずだった『天地無用！』の新作が冬に早まって。やっていた役は放り投げたくなかったので、期間を短縮しました。それでも整理しきれなかった仕事のために、月に一度、週末に日本に帰って、2〜3本まとめて録っていたんです。だから、いちばん早く日本に着けるケアンズにしました。直行便で6時間くらいだったと思います。

**―留学中に日本ではできない経験も？**

たくさんしました！　乗馬を体験したり、船に乗って、英語学校のクルージング交流会に参加したり、グリーンアイランドという島にボートで1時間かけて遊びに行ったり。仕事のことはビックリするくらい忘れていました。日本を出る時は「ちょっと英語を覚えたら、仕事に役立つかもしれない」と目論んでいたのが、「もう日本に帰らなくてもいいや」くらいのダイナミックな気持ちになっていました（笑）。遅めの学生生活で、青春を味わっていた感じです。

**―人生的に大きい3カ月だったと。**

本当に大きかったです。帰ったらすぐ仕事に復帰して、あっという間に元の忙しい生活に戻りましたが、マイクの前に立つ心構えがすっかり変わりました。以前は「仕事だから、一つの失敗も許されない」とガチガチだったのが、楽しんでやってもいいんだな、と変わったんです。「人生これだけではない」みたいな余裕を、少し持てるようになりました。ただ、英語は3カ月くらいでは、ちっともしゃべれるようにはなりませんでした（笑）。

## 水着やコスプレの
## グラビアが多かったわけ

**―留学中も「ジャンプ放送局」のコラムは続いていました。**

手書きの原稿をファックスで送っていました（笑）。忘れもしない43文字×3行。18歳の時に出会った「ジャンプ放送局」のさくまあきらさんは、私の最初のお師匠さんです。600万部を発行している『少年ジャンプ』に文章を載せるのだからと、しっかり鍛えられました。「面白かった」ではなく「笑いジワが増えた」と。「きれいだった」ではなく「〇〇みたいな赤だった」と画が見えて匂いがするように書くことを教えていただきました。

**―厳しかったんですね。**

物書きじゃないのに何度も原稿を直されるんです。週に一度、集英社の会議室で夕方から夜中まで、OKがもらえなくて、半べそをかきながら書いていました。今思えばすごく貴重な経験をさせていただいたんですけど、当時はイヤでイヤで「早く帰りたいよ〜」と思ってトイレで気分転換の体操をしたりしていました（笑）。

**―そして、声優グランプリの96年5月号で表紙を飾っていただきました。**

沖縄で撮影、バブルを感じますね（笑）。撮影は冬でしたが、沖縄は常夏だと期待していたら、運悪くとても寒かったことをよく覚えています。地元の方が久しぶりにコ

ートを出したと、コーディネーターさんに聞きました。写真を今見ると、ロングヘアの毛量が多くて驚きます（笑）。当時はまだ髪をすくという技術がなかったんでしょうか。

**——表紙はモノクロの写真。**

モノクロの表紙は大冒険だったと思います。編集部の方かカメラマンさんか「これがいい」と推した方がいらっしゃったみたいですね。

**——水着写真ではモデル体型が映えています。**

「わりとモデル体型」というのは、プロフィールに冗談で書いていたんです（笑）。「アイドル声優」も冗談で言い始めたら、その後にガチでアイドルな女子たちが出てきて、慌てて言うのをやめました（笑）。ちなみに、この水着は自前です。

**——お気に入りだったんですか？**

当時、水着で雑誌に載ることが多くて、いっぱい持っていました。「水着なら載せてくれる」という新聞や雑誌が多くあって（笑）。初のエッセイ集を出版したばかりだったのでそのPRが目的でした。水着はスタイリストさんが持ってきてくださったものが合わないこともあるので、自分でもスタジオに持っていくようにしていました。

**——『魔法少女プリティサミー』や『銀河お嬢様伝説ユナ』のコスプレもハマってました。**

コスプレは趣味で大好きだったんです（笑）。当時は『天地無用！』などのイベントが毎週末にあって、衣装に悩んで「砂沙美のコスチュームを着てみよう」と思ったのが始まりでした。初めはお客様が引かないかドキドキで。先輩の水谷優子さんに「声優もここまでやる時代になったか」と言われながら、楽しんでいました。

## 挑戦してみようという空気がみなぎっていた『サクラ大戦』

**——この96年にゲームからスタートした『サクラ大戦』の『歌謡ショウ』では、声優さんたちがキャラクターの衣装で舞台公演をしました。**

1年目は普通のイベント出演のつもりでいたので、稽古が1週間も組まれていることが「多すぎる」と疑問でした。ところが、このお稽古で初めて、ダンスにはカウントがあって、みんなでそろえないといけないと知って焦り……。私は稽古の1週間の半分、『アニメEXPO』でロスに行っていて。帰国後、居残りして、振りを富沢美智恵さんに教えてもらいました。

**——家でも練習したり？**

しました。ビデオを観て覚える時代ではなかったので、稽古場で付けてもらった振りを忘れないようにしないといけなくて。寝ても夢の中で踊っていて、夜中に目が覚めて、振りを忘れてないか踊って確認したり……。それでも、1年目はまだ、大人の学芸会みたいな気持ちでウキウキやっていたんです。2年目からは1カ月の稽古が組まれて、ミュージカル仕立ての大規模な、あの歌謡ショウの形式になりました。

**——それが結局10年も続いて。本格的な殺陣も入って、横山さんはバク転も披露。**

3年目に、素晴らしい群舞を振り付ける先生が振付師として入られて、その先生の教室に通われていた田中真弓さんが「智佐くらいの年から始めておけばよかった」とおっしゃったんです。私はもう29歳でしたけど、その言葉を励みに10年間、スタジオに通いました。さらに殺陣でも、真宮寺さくらは北辰一刀流の免許皆伝だし、もっと体を使ったアクションを舞台で見せられたら説得力があると気づいたんです。それがバク転につながりました。

**——自分から「やりたい」と？**

そうなんです。もちろん反対されましたよ（笑）。でも西村ヤン太郎役で出演されていた西村陽一さんが個人的にレッスンをしてくださって。『歌謡ショウ』の稽古が始まる3カ月前から、劇団扉座さんの稽古場をお借りして、バク転の飛ぶ方向、首の回し方などを教わりました。最終的に『歌謡ショウ』の殺陣の先生に、本番でやっていいものか見ていただいて。安全のため補助の方に入ってもらう形にはなりましたけど、バク転をやれることになって大満足でした！

**——見せ場になりましたね。**

今思えば、うっかりケガしたら代わりがいない舞台で、よくやらせてもらえたなと思います。サクラは挑戦してみようという空気がみなぎっていた作品でした。新春公演では大喜利をするために、みんな芸人さんのようにネタ帳を持ち歩いていました（笑）。

**——真宮寺さくらというキャラクターも、最初からハマり役になりそうな感触が？**

いえ、まったく（笑）。それまで私は小さな女の子や、作品を面白く壊すような役が多かったんです。『サクラ大戦』でも広井王子さんは最初、私をアイリス役に考えていたそうです。でも、舞台を前提にキャスティングしていたなかで、西原久美子さんが21世紀FOXの公演で見事な子供声で存在しているのを観て、アイリス役に決まって。私はいったんキャスティングから外れたんですが、結局さくら役だけがなかなか決まらず、『鬼神童子ZENKI』で私が呪文を叫んでいるのを聴いて「智佐で」となったそうです。

**——主役で演じがいはありましたよね？**

そうなんですが、さくらは大和撫子で、周りのキャラクターが個性豊かで色があるから「白でいい」と言われる役だったんです。個性がないのが個性。それまでは「いつも同じようなことをするな」と言われて、変化球を投げようと努めてきたので、「やらない」ことの歯がゆさがすごくありました。主題歌の「檄！帝国華撃団」のレコーディングもそう。影山ヒロノブさんをイメージして勢いよく歌ったら、「もっと

フワッと。田舎の女の子みたいに」と言われたんです。歌い切った感じがしなくて、モヤモヤしていました。でも、そんなさくらこそが良かったんでしょうね。

## 憧れの『ルパン』に出たくて　自分でどんどん売り込みに

**――セガサターンのCMでは、せがた三四郎と共演しました。**

自分から「出たい」と申し出ました。あのシリーズの『プロ野球チームをつくろう!』のCMで、せがたさんが野茂英雄さんのポスターを見ながら泣いていて。野茂さんはアメリカのメジャーリーガーでしたけど、「真宮寺さくらは日本にいるから一緒に出られます!」とセガの方に言ってみたら、通ったんです(笑)。せがた役の藤岡弘さんは、いつもは氷の上を素足で走るとか大変な現場が多くて、暖かいスタジオで桜の花が舞う撮影を「なんて和やかなんだ」とおっしゃっていました(笑)。

**――横山さんが『ルパン三世　カリオストロの城』を観て、〝ルパンに会いたくて……〟と声優を目指した話は有名です。その夢が叶い、『ルパン三世　DEAD OR ALIVE』に出演されました。城に捕われていたエメラの役は、アピールが実って決まったんですか?**

まさしくそうです。駆け出しだった20歳の頃、ルパンにたどり着くには、まず音響監督をされていた東北新社の加藤敏さんに、私を知ってもらわなければと思って。自分の出演したアニメや外画をまとめたビデオテープを編集して、加藤さんに会いに行こうとしました。

**――営業は事務所スタッフの仕事ですが、新人だった横山さんが自らやろうと?**

そういうものだと思っていたんです(笑)。やりたければ手を挙げなければと。その頃、たてかべ和也さんが事務所に関係なく、新人の面倒をよく見てくださっていました。当時、所属していた事務所には「スタジオに押しかけるのは迷惑だから」と言われましたけど、たてかべさんは「いや、いいんだよ。積極的に行きな」と言ってくださって。それで見学に行くと、ガヤを振ってもらえることもあったりして。

**――現場は温かかったんですね。**

そういう時代でした。それで、加藤敏さんが収録しているスタジオを教えてもらって、事務所からは止められながら、勝手に行ったんです。収録が終わるまで待って、「横山智佐と申します」と『カリオストロ』を観てからの経緯をお伝えして、『ルパン』に出たいんです」とビデオを渡しました。そしたら、すぐ『カンガルースキッピー』という海外ドラマの吹き替えにキャスティングしてくださったんです。

**――すごい!**

敏さんには自分で売り込みに来たことを誉められました(笑)。昔は野沢那智さんも山田康雄さんもみんな「あの俳優の吹き替えは俺にやらせろ」と自分から言ってきたものだと。『ルパン』はその頃、録ってないということでしたけど、何年かたって『DEAD OR ALIVE』で声をかけていただきました。

**――現場では、やっぱり感動が?**

感動的でしたが、その頃はちゃんとプロだったのではしゃぐことはなかったです。ルパン役が栗田貫一さんに替わって初の作品で、山田康雄さんにはお会いできませんでした。

**――原作のモンキー・パンチ先生が監督を務めた作品でもありました。**

モンキー・パンチ先生にも売り込みに行っていたんです(笑)。『ルパンに会いたくて……』というエッセイ集を出したんですが、その絡みで出版社さんにつないでいただいて。ビックリするほど図々しかったですね

（笑）、一般には目に触れないファンクラブの会報に出ていただくために、先生のアトリエまでお邪魔しました。当時の最先端のパソコン技術で、私の写真とルパンの画を合成していただいた思い出があります。

**──本当に積極的だったんですね。最近の仕事だと、恒例の『サクラ大戦アコースティック音楽会』、ミュージカル『クリスマスキャロル』と続きました。今も体はいつでも動くようにしているんですか？**

いえ、もうでんぐり返しもできません（笑）。子供に付き合って鉄棒で前回りをしただけで、2〜3日気持ちが悪く……三半規管がおかしくなって（笑）。でも、やりたい気持ちはいっぱいなんです。子供たちの側転を見て、「おばちゃんもできないかな？」とウズウズしたりしています（笑）。とはいえ、『クリスマスキャロル』では20代と一緒に肉体訓練できています！

## たくさんの役に出会い 母にもなった幸せな人生

**──ブログに娘さんとの写真がよく上がっていますが、母としても幸せな日々ですか？**

出産したのが44歳だったんですね。それまでは仕事中心に、やりたいことは何でもやってきました。海外旅行にもたくさん行ったし、長い青春を過ごしていて。だけど、子供を産むのにはタイムリミットがあると気づいて、39歳で結婚してギリギリ間に合いました。今は子供と過ごす人生も楽しみたいと思っています。夏休みに子供が退屈しないよう体験イベントを探したり、たくさん情報を持っているママ友に「これ行きませんか？」と誘ってもらったり。子供がいてくれるおかげで、知らなかった扉がいっぱい開いてすごく面白いです。

**──仕事も良いバランスでやれている感じですか？**

声の仕事は若い子たちの現場がほとんどで、たまに呼んでもらっても「横山さんはガヤはやらなくて大丈夫ですよ」と言われたりして、ちょっと寂しいです（笑）。ついに、アニメ『それでも世界は美しい』では、おばあちゃん役でレギュラー出演しました！

**──小さい子の役が多かった頃から、時を重ねて。**

頂く役を一生懸命に楽しむだけ。留学明けから、ずっとそうでした。楽しくリクエストに応えられたらいいなと。本当にいろいろな役をやらせていただいて、さくらのように長く付き合う役にも巡り合えて……。幸せな人生ですね。

**──そんな人生を過ごす秘訣的なものはありますか？**

17歳の頃、養成所では技術的にはまったく褒められたことのない劣等生でしたけど、勝田久先生に「智佐は度胸と愛嬌だ」と言われて、それで頑張っていこうと思ってきました。あとは出会い。舞台は大嫌いだったのが、『サクラ大戦』で照明さん、舞台部さん、ダンサーさん……とプロの方たちの生き様を見て、自分が混ざれていることがうれしくて。人はそれぞれの充実感を求めて生きていくんだなと。踊りの名手、歌舞伎の六代目・尾上菊五郎さんが「まだ足りぬ　踊り踊りて　あの世まで」という辞世の句を残されていますが、足りないものを探しながら、ずっと続けていくことが人生なのかなと思います。

足りないものを探しながら続けていくことが人生なのかな

PROFILE

よこやまちさ●12月20日生まれ。東京都出身。バンビーナ所属。1987年に声優デビュー。『週刊少年ジャンプ』誌上の読者投稿コーナー「ジャンプ放送局」のアシスタントを務める。主な出演作はTVアニメ『NG騎士ラムネ＆40』（ミルク）、『新機動戦記ガンダムW』（ルクレツィア・ノイン）、『ストリートファイターⅡ V』（春麗）、『魔法少女プリティサミー』（河合砂沙美）、劇場アニメ『ルパン三世 DEAD OR ALIVE』（エメラ）、ゲーム『銀河お嬢様伝説ユナ』（神楽坂優奈）、『サクラ大戦』（真宮寺さくら）ほか。歌手としても、1993年に1stアルバム『恋愛の才能』をリリースするなど活動。

# 10 QUESTIONS

**一問一答で素顔に接近！
プラチナムな声優たちに聞きたい 10 のこと。
その答えに、30 年輝き続ける秘密が
隠されているかも !?**

**Q 最近笑ったこと／うれしかったこと**

## A 『サクラ大戦』新年会

『サクラ大戦』メンバーが集まって、田中真弓さん宅で新年会をしました。何度もしている昔話でまた笑って（笑）。数年前から、『姥サクラ大戦』をやろうと話しています。ショウをするか、コントになるのか（笑）。

**Q モーニングルーティンを教えて！**

## A 6時半に起きて、白湯を飲む

白湯は毎日飲みます。昔はステージドリンクもオレンジジュースで、味のないものが嫌いだったのですが、すっかり味覚が変わりました。その後『ZIP!』を観ながら、子供を学校に送り出します。

**Q いちばん癒やされる瞬間**

## A 猫と起きる

朝起きたときに猫が頭の横で寝てくれていると、癒やしの朝になります。でも、寒い夜にお腹に乗ってくると、重くて必ず悪夢を見ます（笑）。

**Q 最近おいしかったもの**

## A 毛ガニ

北海道出身の友達から大好きな毛ガニを頂いておいしかったです！　あと、義理の母が送ってくれた、かねふくの明太もつ鍋にも感動しました。肉のハナマサで売っている、クワトロチーズボールというスナック菓子もおいしいです。販売されなくなった“カール”のような食感で、少し甘みもあって。

**Q 90 年代当時と変わったこと**

## A 習い事

30 代になってから習い事に没頭しました。ジャズダンス、日本舞踊、三味線、和太鼓、タップ……。結婚後、どれもやめていましたけど、最近、子供がダンスを習い始めて。見学していたら、私もまた踊りたくなりました。

**Q 当時から変わらないこと**

## A 身長と体重

身長と体重はまったく変わっていません。でも、年を重ねてあまり痩せていると貧相に見えるので、意識して食べるように気をつけています。

**Q 最近気になった世の中のニュース**

## A 給付金

東京都の子供への給付金はありがたいです。児童手当てもありますし。子供はお医者さん、歯医者さんにかかっても医療費無料ですから、子育てしやすい世の中だと感じます。

**Q 大人になってから見つけた楽しみ**

## A 散歩

忙しかった頃は、現場から現場へ常に急いでいて、景色も見てなかったのが、少し早めに出て、お店や町の風景を見ながら歩くことを楽しむようになりました。それから、コーヒーと一緒にシュークリームを食べる時間も楽しいです。

**Q 今後の人生で成し遂げたいこと**

## A さくらであり続ける

ここまで真宮寺さくらのコスプレをやらせてもらってきたので、許されるかぎりはさくらであり続けたいなと思っています。『サクラ大戦』で歌ったり踊ったりも、「引っ込め」と言われるまでやりたいです(笑)。

**Q 昔からのファンへのメッセージ**

## A 笑って過ごそう

笑っていますか？　健康第一で笑って過ごしましょう。ステージやイベントがある際には、ぜひ元気なお顔を見せにいらしてください。お互い、安否確認してまいりましょう(笑)。

もう絶対に櫻井智を手放さない

# 櫻井 智

アイドルから声優に転身して、持ち前の歌唱力と演技力を存分に発揮し、人気が爆発した櫻井智さん。『マクロス7』や『怪盗セイント・テール』などでのヒロインぶりは、多くの人の胸に刻まれているはず。誌面でも輝いていたヴィジュアルの美麗さは健在です。2016年の引退を経て、2019年に復帰。今も声優・女優として精力的に活動しています。

撮影／アライテツヤ　ヘアメイク／小林奈津美 (addmix B.G)　スタイリング／ナミキアキ
衣装協力／Wild Lily　取材・文／斉藤貴志

15歳からお仕事をしていて、遊びもお酒も覚える時間がなくて

Vol.7（1996年8月号）

## 90年代当時から撮影の仕事は好きでした

**—声優グランプリの創刊当初は、グラビア撮影に不慣れな声優さんも多かったようですが、アイドル出身の櫻井さんは慣れたものだったようですね。**

写真を撮っていただくのはすごく好きでした。スタジオに入って衣装を着ると気分もテンションも変わって。撮影も、イメージに合わせて演じるような楽しい時間です。それにしても、昔の私の写真は顔が丸いですね（笑）。

**—今はシュッとされました。**

体重は当時とほとんど同じなんです。若さのせいでしょうか（笑）。輪郭は変わるものではないので、時が流れても顔の丸さは気にしながら生きています。

**—96年8月号では表紙＆巻頭を飾っていただきました。伊豆下田で撮影とのことで、覚えていますか？**

場所までは記憶が定かではありませんけれど、撮影していた時の感じはよく覚えています。当時の私にしては、すごく大人っぽく撮ってくださって。

**—サンドスキー場でのカットですね。**

つば広の帽子を深くかぶるのも好きだったので、大満足の撮影で、すごくお気に入りの写真になりました。

**—声グラでは「ザ・チャレンジ!!」という連載も持っていました。今でも覚えている挑戦企画はありますか？**

ビリヤードを初めて体験して、「なんて難しいスポーツなんだ！」と思いました。

**—運動神経抜群の櫻井さんでも。**

あれは運動神経の問題ではなくて、頭脳とか計算が大事なようで、私が得意でないジャンルなんです。ゴルフもそうで、小さいボールのスポーツは苦手だなと思った気がします。

**—ゴルフもやったことがあるんですか？**

当時の事務所の人に練習場に連れていっていただいて、コースも何回か回りました。スタッフさんが言っていたのは、私に素質はあると（笑）。だから〝歌うプロゴルファー〟にしようという話もあったのですけれど、どうも私の集中力がついていかない（笑）。長い時間、小さいボールを一生懸命追いかけるのが、私の性格と合わなかったようで、計画はあっさり終わりました（笑）。

**—この頃は、まだ芸名が「桜井智」でした。99年に「櫻井智」になったんでしたっけ？**

たしかフォトブックの『can-d』で、「変えました」というエッセイを書きました。画数を何となく見ていたら「桜」より「櫻」のほうが良くて、当時の事務所に「変えたい」と言ったら、すんなり通ったんです。そもそも芸名がなぜ桜井智になったのか、聞いたことがあって。「特に意味はない」という話だったので（笑）、深い思い入れがないのなら、変えてもいいのかなと。

## 健康すぎて体の心配は誰もしてくれませんでした（笑）

**—この96年は怒涛の年でした。アルバムを3カ月連続リリースしたり、『怪盗セイント・テール』のミュージカルの全国ツアーと夏のライブが重なったり。**

何年に何をしたかは覚えていませんけれど、言われたら思い出しますね。アルバムの全曲を作詞するためにホテルに缶詰めにしてもらったり、『セイント・テール』のミュージカルでアニメのまま主役を演じさせてもらったり。すごく時間に追われていた記憶があります。

**—大阪ではミュージカルを3日やった翌日にご自身のライブとか、すごいスケジュールでしたね。**

本当に充実した日々だったんですね。でも、当時は「なぜいっぺんにパンパンになってしまうんだろう？」と思うこともありました。大阪のライブのリハができたのは、当日、会場入りした時だけ。それくらいハードで、自分のテンションを維持するのみでした。

**—やれば何とかなったと。**

私はどれだけ場数を重ねても、誰より緊張するんです。舞台袖では毎回「もう二度とこんな緊張を味わいたくない」と思っています。あの大阪のライブでは大忙しだったので、さらに緊張感がありました。それが、ステージで第一声を発すると「なんて楽しいんだろう」って（笑）。振り返ると、あんなに頑張ったのは、あの頃以外にはないでしょうね。

**—櫻井さんの体が強かったから、こなせたことでもありましたよね。**

そうなんです。体力があって健康で、風邪を引くのも珍しい。今でもそうですね。だから、誰も体の心配はしてくれませんでした（笑）。

**—実は裏で倒れていたりもしませんでした？**

本当にそういうことはなかったですね。ただ、健康すぎて風邪がどういうものかも

わからなかったので、たまに「何か今日は体が熱いな」と思って、熱を測ったら40度ということはありました。それでも自分は強いと信じていて、人に熱があると知られたくなくて、隠していたんです。日課のジョギングもやめませんでした。走ると熱は下がるんですよね。

**——いやいや（笑）。それは櫻井さんだけで、普通は安静にしないとダメでしょう。**

本当ですか？　私はいつもどおりに過ごしたくて、多少キツいと思っても走っていました（笑）。

**——櫻井さんは所属していた劇団の看板女優でもあって、舞台公演も毎年ありました。寝る時間を削るようなことはなかったですか？**

正直、96年ではないのですけれど、稽古の時間があまり取れないまま、舞台の初日を迎えたことがあって。本番の後、初めて「怖い……」と泣いてしまいました。

**——スタッフの前で？**

そうです。私としたことが。私は稽古をしっかりしないとイヤなんです。でもその時間が削られてしまって、不安なまま舞台に出て……。本番中は取り乱さなかったのですけれど、舞台が終わって、次の日もあるのかと思ったら、初めてパンクしたというか。コロンと泣いてしまったことが、その1回だけですけれど、ありました。

**——ホテルに缶詰めにもなって全曲作詞した『Ｃｈｅｒｒｙ』では、〝東京じゃないすぐそばだけど〟という「Ｍｙ Ｔｏｗｎ」など、身近なテーマが多かったですね。**

自分のことしか書けなかったんです。毎日走っているから「Ｒｕｎ Ｒｕｎ Ｒｕｎ」とか、今聴くと「ふざけすぎ？」と思いますけれど（笑）、当時は真剣に書いていたんですよね。

**——その中で「最終東横線」は、朝まで帰れない終電に乗って横浜の彼氏の所まで行くかどうかと。**

あ、あれは空想の世界ですね（笑）。終電に乗って遊んでくるようなことは、恥ずかしながらいまだにしたことがほぼないんです。15歳からお仕事をしていて、遊びもお酒も覚える時間がなくて。「そんな暇があったら稽古しろ」という事務所だったんです。私生活は本当に地味でした。もう時効だから言いますけど、高校時代、学校が終わって事務所に行く前、たまに友達と1時間くらいフラフラ遊んだのが精いっぱい（笑）。そういうときは事務所で「遅かったね」と言われてドキッとしてました。

**——かわいいものじゃないですか（笑）。大人になってからも、六本木で遊んだりはしなかったと？**

ないです。そういうことに興味なくて、仕事がなければ夜は10時に寝てました。今は11時か12時に寝るので、ちょっと不良になりました（笑）。

## 揺れる想いを抱きながら アフレコしていたセイント・テール

**——ミュージカルにもなったアニメ『怪盗セイント・テール』は、櫻井さんの代表作の一つですね。**

ちょうど今回の撮影のメイクさんにも「昔、『セイント・テール』を観てました」と言われました（笑）。そういう声をよく聞いてうれしく思いながら、時が流れたのも感じます。キュンとくる作品でしたよね。怪盗といっても悪い人に奪われてしまったものを取り返す、魔法使いではなくてマジックで事件を解決していく。1話完結で、いつも終わると心がホッと温まりました。

**——羽丘芽美＝セイント・テール役はオーディションで取ったんですか？**

たしか、頂いた役だったと思います。スタッフさんと一緒に作っていきました。決めゼリフがいくつかあるんですよね。

**——「主よ、種も仕掛けもないことをお許しください」とか。**

「イッツ・ショータイム」や「ワン、トゥー、スリー！」もそう。インパクトがないといけないし、言い方が毎回違ってもいけない。「ここは伸ばしたほうがいい」とか、すごく気を使って大切にしていました。

**——思い出のシーンはありますか？**

怪盗セイント・テールの正体が芽美だと、アスカJr.が気づいたのか、気づいてないのか、微妙なシーンがあって。芽美も気づいてほしくないけれど、気づいてほしいという乙女心が出て、私も揺れる想いを抱きながら、アフレコをしていたことを思い出します。

**——アニメでは家の屋根から屋根へと跳び移っていて、ミュージカルではフライングがありました。**

私は体を動かすのは大好きで、初体験のフライングは楽しかったです。ただ、スタッフさんの手動でビーンと横に行ったり、上がったり下がったりするのですけれど、毎回違うところに飛ばされて。一度、カーテンコールになるのに私がまだ空にいて、下でスタッフさんが「降ろせない！　どうするんだ」とてんやわんやしていたことがありました（笑）。

**——少し遡ると、櫻井さんが声優としてブレイクしたのは94年の『マクロス7』のヒロイン、ミレーヌ・ジーナス役。これはオーディションで決まったんですか？**

オーディションではなかったはずです。最初にアニメに出演させていただいた『ドラゴンリーグ』はオーディションでしたけれど、私が当時入っていたのが声優事務所ではなくて。オーディションの話はほとんど回ってこなかったんです。

**——ミレーヌの自由奔放で物怖じしないキャラは、櫻井さんにピッタリだったようですね。**

元気なイメージは自分と重なるところがありました。当時はキャピキャピした役を演じることが多くて。あと、やたらとケンカしていました（笑）。ミレーヌはバサラといつもやり合っていて、『セイント・テール』の芽美もアスカJr.と言い合いばかり。そういうシーンは楽しくて好きでした。

**――ミレーヌは14歳にして、お見合いもしていました。**

そうなんですよね。ガムリンさんとお見合いをして、「こんな若いのに?」と思いました。ミレーヌとしては、自分で気づいてないだけで、バサラが好きだったんです。でも、桜井智としてはガムリン派でした(笑)。バサラは「私を置いて、どこに行くの?」みたいなタイプでしたけど、ガムリンさんは誠実でやさしい。そこが素敵だな……という想いを頭の片隅に秘めながら、アフレコしていました。

**――『るろうに剣心』の巻町操も人気キャラクターでした。**

最初CDドラマでは、私は神谷薫役だったんです。緒方恵美さんの剣心役もすごく良かったんですよね! アニメになって声優は総入れ替えだったなかで、私には操役が来ました。薫はかわいらしくて、おっとりしたお嬢様で素敵でしたけど、操は行動的で自分に合っていて、気に入っています。

## やっぱり櫻井智でいたい あらためて実感した思い

**――舞台では、特に思い入れの強い作品はありますか?**

好きなのは『ミッドナイトフラワートレイン』です。ストリッパーの役を演じました。煙草を持ったりして、普段のイメージで観てくださっていた方は「おや?」と思ったかもしれません。

**――演技的なハードルは高かったとか?**

私の中では、舞台では何でもアリだと思っていました。難しさは毎回感じていましたけれど、舞台は1カ月くらいかけて作り込んでいけるので、安心感がありました。

**――その後、16年には一度、「声が出づらくなった」とのことで引退を突然発表。**

今振り返ると、いろいろあって神経質になりすぎていたんです。当時はフリーだったので、自分一人で判断してしまって。すごく悩んだんですけれど、早まって結果を出してしまったと思います。ファンの方やスタッフさんをはじめ、たくさんの皆さんにご迷惑と心配をおかけしました。自分でもすぐ「何てことをしてしまったんだろう」と後悔しました。

**――2年9カ月を経て19年に復帰してからは、以前とは違う心境で仕事に取り組んでいる感じですか?**

やっぱり私は〝櫻井智〟でいたいのだと、あらためて実感しました。一度失った信用を取り戻すのは大変なので、頑張るのは当たり前ですけれど、第一に楽しみたいと思っています。そして、もう絶対に櫻井智を手放さないと決意しました。

**――昨年からはフェザードの所属に。**

最初、ゲームのお仕事のオファーを頂いたんです。その後、社長が私の95年のコンサートでダンスメドレーの曲を作ってくださったご縁があって、「一緒にやりませんか?」と声をかけてもらいました。私はこれからもフリーでいるつもりでしたけれど、お仕事をしながらやりとりをしていくうちに、「安心してお仕事に取り組める……」という気持ちになって、身を預けることにしました。

**――その事務所から、今は普段のメイクを禁じられているとか。**

そうなんです。私は「人前にノーメイクで出るなんて」と思っていましたけれど、「肌を休めなさい」と。あと「正しい日本語を使いましょう」とも、この年齢になって言われています(笑)。フリーの期間が長かったので、いろいろ厳しく言ってくださると、「事務所に入るとこうだったな」と新鮮に感じます。

## 小さい子から大人まで たくさんの人に愛されたい

**――昨年は9月に誕生日に合わせた35周年ライブを開催して、クリスマスと年末にもライブがありました。**

昔も地方に行くと、お客さんの息づかいが聞こえるくらいのライブハウスで歌ってきたこともあるので、懐かしい雰囲気がありました。昔よりも肩の力が抜けて、より楽しめていると思います。でも、12月のライブは2週間くらい前に「やりませんか?」とオファーがあったんです。

**――なぜそんな急に?**

それは謎です(笑)。どうしようか悩みましたけど、年の終わりに皆さんと時間を共有できるのはいいなと、お受けすることにしました。

**――そのために毎日のジョギングを再開したんでしたっけ?**

それはライブとは関係なくて。15歳からずっと走ってきたのを、2年2カ月前にやめたんですね。「私は何のために走っているんだろう?」と反抗期に入って(笑)。その2年間はヨガをやって、体が伸びていいなと思っていましたけれど、事務所に入ってツイッター用の写真を撮っていたら、毎年のことで秋口にバーッと太ったんです。「ふっくらしたんじゃない?」と言われて、慌てて落とそうとジョギングを再開しました。

**――何分くらい走っているんですか?**

若い頃は朝・晩50分でしたけど、今は日によって30分から50分。1時間は走らないのが自分なりのコツです。昔よりキツくても、自分との闘いで何とか絞らないといけないので。

**――ほかに、最近の仕事で印象的だったものはありますか?**

『ポケットモンスター』でチャンピオン同士の大会が繰り広げられて、シロナが9年ぶりに登場させていただいたのは、楽しかったです。毎週アフレコ現場に通えてうれしかった! あと、『昼めし旅』で初めてロケ番組を体験しました。台本はいっさいなくて、通りすがりで「あなたのおうちのご飯を見せてください」とお願いするんですね。まるで本当に旅をしているような感覚になります。

**――今後もテレビの仕事は狙っていこうと。**

そうですね。希望としては活動の場所をもっと広げていきたいと思っています。

**――声グラの表紙号のインタビューでは、将来の目標として「ミッキーマウスみたいになりたい」と語っていました。**

言ってましたね〜。ミッキーマウスって、小さい子から大人まで、たくさんの人に愛されていますよね。私もそういう存在になりたいと、心から思っていましたけれど、今読むと恥ずかしいですね(笑)。でも、言ってよいのであれば、今も想いはそのままです。

健康すぎて、体の心配は誰もしてくれませんでした（笑）

頑張るのは当たり前として、第一に楽しみたい

# 10 QUESTIONS

一問一答で素顔に接近！
プラチナムな声優たちに聞きたい10のこと。
その答えに、30年輝き続ける秘密が
隠されているかも!?

Q いちばん癒やされる瞬間

A バスタイム

特に冬はお風呂ですね。寒い日に体を流し、湯船に片足を入れた瞬間の「あーっ……」というところから始まり、両足を入れて、さらに肩までお湯に浸かる。そうすると「癒やされるな」と感じます。

Q 最近笑ったこと／うれしかったこと

A 何でもないことで笑っています

箸が転がるくらい何でもないことで、笑うようになった気がします。一度引退もして、フリーの時間が長かった分、事務所に入って"櫻井智"をスタッフと共有して、大玉を転がすように進めるやりとりが楽しいです。

Q モーニングルーティンを教えて！

A 1杯のコーヒー

目覚ましをパッと止めて、すぐ起き上がって、寝室のカーテンをパーッと開けます。そして、コーヒーのカプセルをセットして、1杯のコーヒーで1日を始めます。

Q 90年代当時と変わったこと

A 頑張りすぎない

メンタル的に頑張りすぎず良いテンションで、いろいろなことができるようになりました。余裕とは違いますけど、ガムシャラだけでなく、気持ちを抜くのも間違いではないとわかってきました。

Q 当時から変わらないこと

A 食欲

食欲は変わりません（笑）。男性マネージャーよりもたくさん食べます。白米とあんこが好きなのも昔のまま。ただ、白米を1膳にして、野菜をたくさん食べるようになりました。

## Q 大人になってから見つけた楽しみ

## A おいしく食べること

10～20代の頃は今より太りやすかったので、食べることを我慢したり、隠れて食べていたんです（笑）。今はおいしく食べることを楽しむようになりました。もちろんボディコントロールの闘いは一生続くんでしょうけど。

## Q 最近おいしかったもの

## A お皿いっぱいのフルーツ

私より女子力の高い事務所の男性スタッフに、美容に良いと、お皿いっぱいのフルーツを頂きました。キウイ、パイナップル、ブルーベリー、イチゴなどなど。ギリシャヨーグルトも用意してくれて。ビタミンたっぷりでヘルシー。感動の一皿でした。

## Q 最近気になった世の中のニュース

## A コロナ禍の受験生

コロナ禍の受験生は、自分か家族が感染すると試験場に行けない。ただでさえ受験でピリピリするのに、そこまで神経を使うのは大変でしょうね。受験生の苦労もそうですけれど、この時期と重なってしまったために、いろいろな大会が中止になって悔しい思いをされた方がたくさんいらっしゃると聞きます。その悔しさはご本人にしかわからないでしょう。本当に気の毒に思います。

## Q 今後の人生で成し遂げたいこと

## A 一生、櫻井智

絶対太らない体と絶対老けない細胞を手に入れます（笑）。そして一生、櫻井智を続けます。

## Q 昔からのファンへのメッセージ

## A ありがとう

いつも見守っていただいて、そして思い出していただいて、ありがとうございます。35周年を過ぎたとはいえ、まだまだ皆さんに支えていただきたいので、これからも末永くよろしくお願いします。

### PROFILE

さくらいとも●9月10日生まれ。千葉県出身。フェザード所属。1987年にアイドルグループ・レモンエンジェルのメンバーとしてデビュー。1993年にTVアニメ『ドラゴンリーグ』（ウィナ姫）で声優デビュー。主な出演作はTVアニメ『マクロス7』（ミレーヌ・ジーナス）、『怪盗セイント・テール』（羽丘芽美）、『るろうに剣心』（巻町操）、『スーパードール★リカちゃん』（ドールリカ）、劇場アニメ『ドラえもん 新・のび太の宇宙開拓史』（ロップル）など。1995年にシングル『BABY,BABY』でソロ歌手デビュー。発売中のゲーム『魔界戦記ディスガイア7』でEDテーマ「不二の凱歌を響かせて」を担当。

## 年齢を重ねるほど、幸せが増えていくんです

# 井上喜久子

声優業界の内外で“お姉ちゃん”と慕われ続けている井上喜久子さん、17才（おいおい！）。声優グランプリでは創刊号の表紙を國府田マリ子さんと共に飾り、昨年発行の自叙伝も女子高生コスプレとともに話題を呼びました。ほんわかしたたたずまいの一方で、声優としての実力は超一級。幅広い活躍を今も続けています。

撮影／荒金大介　ヘアメイク／AIKO　スタイリング／長谷川 香　衣装協力／HIMIKO

安心して甘えられる人です
甘えられるのって好きですよ

天使と女神
語り姫ふたり

980yen

Vol.1（1994年発売）

## 表紙のぎこちない笑顔も貴重な思い出です

**――1994年の『声優グランプリ』創刊号の表紙や巻頭グラビアを今見ると、どんなことを感じますか？**

昔のほうが大人っぽいですね。まだおかしなことになる前の私（笑）。正統派でやっていた頃の純粋だった私がそこにいます。

**――声優雑誌ができることはどう捉えていましたか？**

私自身、声優は裏方だと思っていたんですけど、気がつくとほかの本でも少しずつ写真が増えてきていて。それでこういうグラビア誌まで出ると聞いて、どういうものになるのか、想像がつきませんでした。

**――その表紙を國府田マリ子さんと共に飾るという。**

マネージャーさんからお話を聞いて「エーーーッ？」と。私なんかで大丈夫かなと思いながら、せっかく声をかけてくださったので、ありがたくやらせていただくことにしました。で、撮影に行ったら大きなスタジオで、「では、肩を出してみましょう」「髪を濡らしてみましょう」みたいな（笑）。

**――おでこを出したりもしていますね。**

今だったら「恥ずかしいです」って隠してしまいそうですけど、当時は素直で、言われたとおりにやっていて。緊張感もすごくて、何が何だかわからないまま撮られていました。

**――出来上がった本を見たときは？**

自分でないみたいでビックリしました。表紙の笑顔もぎこちないですよね（笑）。でも、本当に貴重な経験でしたし、創刊号ということで一生の宝物になりました。

**――第2号からは「マンボウのつぶやき」という連載も始まりました。アクアリウム店、八景島シーパラダイス、三浦海岸と撮影していて。**

この頃は自分がお魚の生まれ変わりだとわかっていたので、普段からそういう場所によく行っていました。地元は海の近くで、お仕事で行く東京に慣れてなくて、癒やしを求めていたんでしょうね。時間が空くと水族館でぼんやりお魚を眺めてから、次の現場に行ったり。

**――連載の中でも「夏は仕事前や仕事後に泳いでいる」と話されていました。**

泳ぐのは本当に好きだったんです。お休みだと地元の海で泳いでいましたし、お仕事が終わったら都内のプールに行ったりもしていたのかな。でも、最近は全然泳げてなくて。去年、家族でホテルに泊まったとき、大きなプールがあって久しぶりに泳いだら、やっぱり大好きだなと思いました。テンションが上がって、新しい水着を買ったんですけど、それから半年以上、まだ一度も泳いでいません（笑）。

**――「お魚の生まれ変わり」というのは、「17才」の前のネタだったわけではなくて？（笑）**

ネタではないです（笑）。泳いでいると地上で歩くより呼吸がしやすくて、絶対に自分の前世はお魚だったと信じています。あるとき、日高のり子さんに「何のお魚だったかはわかりません」と話したら、「きっこちゃんはマンボウだったと思う」と言われて、今に至っています（笑）。

**――この連載では「ダイヤモンドより砂浜の貝がらのほうが絶対きれい」との言葉も出ています。**

やだ、かわいい（笑）。私、そんなこと言ってました？　でも、そんな気持ちは今も変わってないかもしれません。ダイヤモンドの美しさも素敵だと思いますけど、貝がらとか森のどんぐりや松ぼっくりのほうにときめくんですよね。

**――2003年10月号では「コスプレプリンセス」という企画で、『おねがい☆ティーチャー』のみずほ先生などに扮していました。この頃になると撮影もノリノリで？**

ノリノリでした（笑）。変身願望があるんでしょうね。別の誰かになるという部分では、声優のお仕事とコスプレはリンクしていますし。みずほ先生は公式で衣装を作ってくださって、この誌面に載る前にもイベントで着ていました。でも、数年後にどこに保管されているのか不明になって、自分であらためて作った記憶があります。どうしても、みずほ先生のコスプレをしたかったので（笑）。

## 刊行したばかりの自叙伝では女子高生コスプレも話題に

**――時を経て、昨年発行の『井上喜久子17才です「おいおい！」』でのコスプレ写真にも、反響はありました？**

ありがたいことに大好評でした。コスプレは「わー、やりたい！」と思う時期と「年齢をよく考えよう。17才だけど（笑）」と、後ろ向きな時期と、波があるんです。本を出したのはやりたい時期で、久しぶりにリミッターが外れました（笑）。

**――定番のメイド服や初挑戦のラウンドガールに、制服の女子高生も。**

ブレザータイプの本格的な制服はここ10

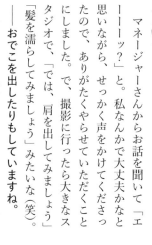

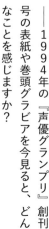

自叙伝『井上喜久子17才です「おいおい！」』掲載

私は以前、おさかなだった記憶がある。だから、海は私の故郷なの。
井上喜久子

Vol.2（1995年発売）

数年、着てなくて、さすがにもうやめておこうと（笑）。この本で着られたので、悔いはありません。コスプレは続けても、これが人生最後の学生服になるかもしれません。

**――コスプレが映えるスタイルの良さは昔から変わりません。何か努力されているんですか？**

声を維持するために腹筋は日々鍛えていますけど、スタイルキープのためにしていることは何もありません。脚はムクんだことがないんです。肩こりはひどくて、新しいマッサージチェアも買いましたけど（笑）、脚はマッサージをしたこともなくて。体質なのかな。

**――男性にも門戸を開いた17才教に、新規入会はありました？**

開いた門に誰も入ってきてくれなくて、おかしいなと（笑）。あらためて男性も募集しないとダメですかね。でも、本を出す直前に入ってくれた東山奈央ちゃんと朗読劇で一緒になって、より絆が深まりました。娘のほっちゃん（井上ほの花）のこともかわいがってくれて、ファンクラブイベントに誘ってもらったり。そういうつながりも17才教で生まれています。

**――本の中では、東日本大震災のチャリティで始めた『文芸あねもねR』にも触れられていましたが、昨年末のコミケに5年ぶりに出展されました。**

「エイヤ！」という気持ちで、田中敦子さんとシチュエーションCDを頒布させていただきました。学生時代の文化祭を思い出す手作り感と同志の結びつきは、大人になってもジンとしちゃいますね。皆さんの温かさのおかげで、今回も東北3県に50万円ずつ寄付できました。

**――井上さんの仕事の量は、今も90年代とあまり変わらないようですね。**

日々マネージャーさんと「ありがたいね」と言いながら、ずっとバタバタしています。1月新番ではタイミング的にレギュラーがあまりなかったんですけど、もう録ったものが春、夏と控えていて。外画のレギュラーも2本進んでいて、ゲームやナレーションも録っています。

**――4月に公開される『名探偵コナン　黒鉄の魚影』では、黒の組織が劇場版では6年ぶりに関わるそうですが、井上さんは女性スナイパーのキャンティを演じています。**

出番はともかく（笑）、TVシリーズからキャンティは個性的なキャラクターで、演じがいがあります。ああいう怖くて短気な役はほかでなかなかやらないので、すごく緊張もします。キャンティの声質や表現はスッと出せるものではなくて、難しくもあり楽しくもあるキャラクターという感じです。

## 声優という仕事は今でも裏方だと思っています

**――井上さんが30年以上走り続けているなかで、支えのようなものはありますか？**

コンプレックスの固まりだった私が声優というお仕事に巡り合って、すったもんだしながら、たくさんのキャラクターに助けられて、少しずつ成長してきました。こんな私を応援してくださる方がいるのがうれしくて、どうにか恩返しをしたくて。そういう地道な繰り返しですね。あとは、神様からいただいた使命みたいなものを感じています。

**――と言うと？**

この声質と声帯で生まれて、声のお仕事を与えてもらったからには、大切にしてもっと磨いていきたい。それで作品を通して、少しでも多くの方に笑顔になってほしい、感動してほしいんです。私は今でも、声優は裏方だと思っていて。

**――こういう時代になっても。**

もちろん写真を撮っていただいたり、映像に出たりするお仕事もありますけど、その辺はごほうびやチャレンジ的なもので、私は基本、ずっと裏方でいたいなと。一つひとつの作品と向き合って大事にしていくことが、自分の使命だと考えています。

**――プライベートでは、去年35年ぶりに再開した生け花を続けているそうですね。**

だいたい月2回、お稽古場で生けて、お花を持ち帰って、家で生け直します。それが本当に楽しくて。一つ作るのに1時間半とかかかりますけど、あっという間です。出来上がって時計を見たら「そんなに経った？」みたいな。不思議な感じですけど、それだけ集中しているんでしょうね。

**――ここ数年では、生活に大きな変化はないですか？**

ほぼ何も変わりません。ただ、今年でうっかりデビュー35周年なんです。イベントをやらないといけないかなと思ったり、無理かなと思ったり。去年から揺れ動いていましたけど、最近は「やっぱりやろう」と。なので、これから詰めていきます。

**――2009年の15周年記念号では「私は年を取るごとにどんどん幸せになっていくって信じているんです」と発言されています。今、そのとおりになっていますか？**

そんなことを言っていたんですね。まさにそうなっています。思い込みの力は大きいので、これからも幸せになっていくと信じています。悪いほうに考えると、本当にそうなってしまう気がしていて。

**——幸せを感じることが増えていると？**

年齢を重ねるほど、幸せに気づくのかもしれません。若い頃は当たり前に思っていたことが、全然当たり前ではなくて。バスに乗っているだけでも「こんなに安い料金で、あそこまで行けるのはありがたいな」とか（笑）。蛇口をひねれば、お湯が出るのもありがたい。世の中のニュースを見て、自分の生活と照らし合わせても、すべて当たり前ではないんだなと思います。

**——とは言え、逆に「年だけは取りたくないものだ」というのも、巷でよく聞く声ではあります。**

たしかに、年を取って出合う大変なこともいっぱいありますよね。体のことだったり、親のことだったり、みんなそれぞれ抱えていると思うんです。だからこそ、そんな皆さんに少しでも笑ってもらえるようなことを、これからもしていきたくて。どうにか一緒に笑顔で乗り越えていけたらうれしいです。

『井上喜久子 17 才です「おいおい！」』
好評発売中！

大変なことも一緒に笑顔で乗り越えていけたら

# 10 QUESTIONS

一問一答で素顔に接近！
プラチナムな声優たちに聞きたい 10 のこと。
その答えに、30 年輝き続ける秘密が
隠されているかも!?

**Q いちばん癒やされる瞬間**

**A 娘とワンちゃんの散歩**

私も娘も毎日バタバタな中で、タイミングが合ったときに一緒にワンちゃんのお散歩をして、ペット OK のカフェでお茶しておしゃべり。そんな普通の時間が何よりの癒やしになります。

**Q 最近笑ったこと／うれしかったこと**

**A お餅の新しい食べ方を発見**

市販の切り餅をスリットで二つに割って、トースターで焼いて、すりごまを入れただし醤油に漬けるんですけど、半分にしたお餅とちょうどいいサイズの海苔を見つけたんです。それを巻いて食べています。

**Q 90 年代当時と変わったこと**

**A 知識が増えた**

昔はスマホがなかったので、わからないことはそのままにしていました。だから知らないことだらけで、よく生き延びたなと思います（笑）。今は何でも検索できるので、物知りになったのではないかと。

**Q 当時から変わらないこと**

**A 眠み**

昔も今も、昼間に“眠み”に襲われます（笑）。お仕事中は集中していても、休憩時間にウトウトしたり、行き帰りの電車で寝てしまったり。空いた時間にお茶していても眠くなるし、ウトウト加減が変わりません。

**Q 大人になってから見つけた楽しみ**

**A 一人映画鑑賞**

一人で映画館に入れるようになりました。昔はご飯は一人でお店で食べられても、映画はちょっと怖いイメージがあったのが、大人になって度胸がつきました。チャンスがあれば、世界のいろいろな映画を観ています。

**Q モーニングルーティンを教えて！**

**A お祈り、白湯、腹筋**

お祈りをして心を落ち着かせる。白湯を飲んで体を癒やす。腹筋をして鍛える。朝にこの 3 つをやることが、私の幸せのルーティンです。イス型マシンに乗って腹筋運動をしながら、発声練習も同時にします。

## Q 最近おいしかったもの

## A 火鍋

火鍋のお店に姉に連れていってもらいました。スープが仕切られていて、片方がコクのある白湯、もう片方が辛い麻辣。そこにお肉や野菜、きのこ類を入れて食べました！　すごくおいしかったです。

## Q 最近気になった世の中のニュース

## A 円安

円安をどうにかしてほしい！　以前は年に一度家族でハワイやスペインに行くのが自分へのごほうびでしたけど、今は高くて。インドネシアは物価が安めらしいので、何とかバリにでも行きたいです。

## Q 今後の人生で成し遂げたいこと

## A 文芸あねもねRを最後まで

朗読チャリティの『文芸あねもねR』を最後までやり切りたいです。CDをあと3枚作ることにしていて、少しゴールが見えてきました。

## Q 昔からのファンへのメッセージ

## A すぐ近くで楽しめることを

チルチルとミチルが幸せの青い鳥を探して旅に出たけど、結局は家にいた……という話を最近思い出しました。一緒に年齢を重ねていく皆さんと、これからもすぐ近くで楽しめることを考えて、やっていきたいと思っています。

PROFILE

いのうえきくこ●9月25日生まれ。神奈川県出身。オフィスアネモネ所属。1989年にTVアニメ『らんま1/2』(天道かすみ)でブレイク。主な出演作はOVA『ああっ女神さまっ』(ベルダンディー)、TVアニメ『ふしぎの海のナディア』(エレクトラ)、『しましまとらのしまじろう』(しまじろうのお母さん)、『おねがい☆ティーチャー』(風見みずほ)、『はたらく細胞』(マクロファージ)、『宇宙戦艦ヤマト2025』(スターシャ・イスカンダル)、ゲーム『サクラ大戦3～巴里は燃えているか～』(ロベリア・カルリーニ)など。『ウワサのお客さま』などでナレーション。自叙伝『井上喜久子17才です「おいおい！」』が発売中。

## 琴乃の“ことのは”を詰め込みました

# 三石琴乃

『美少女戦士セーラームーン』月野うさぎ役、『新世紀エヴァンゲリオン』葛城ミサト役で90年代に鮮烈な印象を残した三石琴乃さん。今も声優、ナレーターとして引っ張りだこ、そしてTBSドラマ『リコカツ』や『Get ready！』などで女優としても活躍の幅を広げています。そんな三石さんの言葉を詰め込んだ書籍『ことのは』が発売。ここでは、本に惜しくも入りきらなかった写真と本編より抜粋した文章をお届けします！

撮影／根本好伸　ヘアメイク／Chiaki　スタイリング／ナミキアキ
衣装協力／ADELLY　構成／倉田モトキ

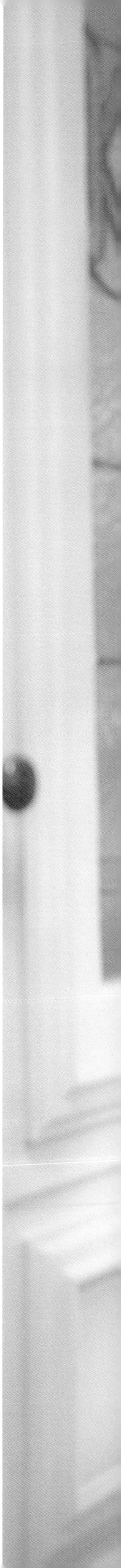

番組見学の体験は声優「三石琴乃」の基礎になる貴重なものでした

## PROFILE

みついしことの●12月8日生まれ。埼玉県出身。フリー。1989年に声優デビュー。主な出演作はTVアニメ『美少女戦士セーラームーン』(月野うさぎ)『新世紀エヴァンゲリオン』(葛城ミサト)、『ONE PIECE』(ボア・ハンコック)、『名探偵コナン』(水無怜奈)、『呪術廻戦』(冥冥)、『ドラえもん』(野比玉子)、『クレヨンしんちゃん』(上尾ますみ)、海外ドラマ『グレイズ・アナトミー』(メレディス・グレイ)ほか。近年はドラマ出演にも幅を広げ、2024年のNHK大河ドラマ『光る君へ』への出演も決定。

30年超の声優人生を通して築いてきた"三石的声優ポリシー"を語った新著『ことのは』。ボイスメッセージが聴けるQRコード付き。

『美少女戦士セーラームーン』月野うさぎ
『新世紀エヴァンゲリオン』葛城ミサト
庵野秀明
武内直子
伊藤璃佐
北川景子

三石琴乃が語る
声優ポリシー

声優という仕事への愛と苦悩。初めて語る現場のエピソード　入れ替わりの激しい世界を生き抜くために大切なこと…

書名：ことのは
著者名：三石琴乃
予価：1,980円（税込）
発売日：2023年3月27日（月）

・てやんでえ
　ありがてえ

初めてアニメのアフレコスタジオに毎週欠かさず通ったのは、『キャッ党忍伝てやんでえ』という作品でした。

なんと、お仕事ではなく"番組見学"で。プロの皆さんがアフレコをしている現場にお邪魔させていただき、間近で見学をさせてもらうんです。この体験は声優「三石琴乃」の基礎になる貴重なものでした。

当時、アーツビジョンの社長が勝田声優学院の特別授業に講師でいらして、その帰り道の方向が同じだったんです。雑談をするなかで、「番組見学をしたい」という話を切り出してみたところ、許可を頂きました。そして初日、紹介された音響監督の田中英行さんに言われたのは「来るなら番組の放送が終わるまで毎週必ず来なさい」ということ。それと、少し早めに来て、皆さんのお茶の用意をしておいてほしいということ。

初めて見る現場は、すべてが新鮮！

見学の私は、スタッフさんたちがいる調整室ではなく、マイクのあるブースの中に入れていただいたんです。きっと、キャストの皆さんもスタッフも最初は驚いたと思います。いきなりOLの格好をした女の子がスタジオの隅っこに座っているんですから！

声優の先輩方はみんなラフな格好ですし、スタッフさんもスーツを着た人はほとんどいなかったので、ちょっと浮いた存在でしたね。ど緊張しながら出演の皆さんに挨拶しました。

勝田声優学院では、アフレコの授業というものをほとんどしていませんでしたからね。養成所で学んだことは、基礎練習やお芝居のメソッドなどが中心。ですから、目に映るもの全部が未知の世界、予備知識ゼロで臨んだスタジオは何もかもが刺激的でしたし、ずっと全身の毛穴が開きっぱなしだったんじゃないかな。

そうしたなかで、私は皆さんの迷惑にならないよう、隅っこからいつも見させてもらっていたのですが、第一線で活躍されているプロの方々の演技を目の前で見て、その声のパワーを体全体で感じることができる。

アフレコが始まるのは16時。その頃、私は会社務めもしていたので、仕事が終わってから通っていたのですが、到着がギリギリになることがあって。

あらかじめ間に合わなそうなときは有給休暇を使ってでも、毎週必ず現場に足を運んでいました。そんなこんなで有給は使い切り、減給にボーナスカットになったっけ（笑）。

何がすごいって、やはり先輩方は集中力と表現力、それに技術力がまるで違うんです。

この頃のアフレコは、今のように事前に台本や映像資料を頂けるわけではなく、当日に台本を渡され、一度映像を通し見し、ラステス（※）本番という流れがほとんどでした。それなのに、瞬時に息の合った掛け合いをされ、モニターに映し出される画ともピッタリで、すでにキャラクターたちがしゃべっているように見えるんです。しかも、『てやんでえ』はギャグアニメなので、"そんなのあり？"というアドリブをどんどん盛り込んでいく。それを見ていて、私も笑いをこらえるのに必死でした。持ち役以外の中でも衝撃的だったのは、「ダブリの役」を、キャラクターを変えて同時に本番で決めていくんですよ。"プロってすごい！"と思いました。

ただ、現場を見学させてもらって、刺激や楽しさを感じたのは最初の頃だけでした。

毎週スタジオにお邪魔して、皆さんの演技を拝見しているうちに、次第に自分との力量の差を如実に感じて、どんどん落ち込んでいったんです。同じ空間にいても明らかに私と皆さんとの間には大きな大きな境界がある、って。

たのは、何ものにも代え難い経験でした。

（『ことのは』より抜粋）

※ラステス…ラストテスト。本番直前の最後のテストのこと。つまりこの場合、テストは一度しかしないで本番収録をするということ。

# サイン入りポラ プレゼント

プレゼントをご希望の方は、郵便ハガキに以下必要事項をご記入いただき、
本ページ右下にある応募券を剥がれないように添付してご応募ください。

**必要事項**　① お名前　② ご住所　③ お電話番号　④ プレゼントの番号

**宛　先**　〒101-0052　東京都千代田区神田小川町 3-3　HF 神田小川町ビル 2F
（株）主婦の友インフォス 『声優グランプリ platinum』プレゼント係

## ① 椎名へきる

## ② 國府田マリ子

## ③ 岩男潤子

## ④ 横山智佐

## ⑤ 櫻井 智

※応募の締め切り＝ 2023 年 4 月 30 日（当日消印有効）。

※お送りいただいた個人情報は厳重に管理のうえ、プレゼントの発送のみに使用いたします。

※当選者の発表は商品の発送をもって代えさせていただきます。

※応募受付の確認、当落選についてのご質問は受け付けておりません。

※プレゼント景品は有償、無償にかかわらず、オークション、フリマアプリ等への出品、第三者への譲渡を固く禁止させていただきます。ご応募いただいた段階で、この条件に同意いただけたものといたします、なお違反した場合は当選を取り消し、返還請求させていただきます。

※ご当選者の住所不明、転居先不明、長期不在などで商品をお届けできない場合には、当選を無効とさせていただきます。

切り取り線✂

声優グランプリ platinum
声優グランプリ プラチナム